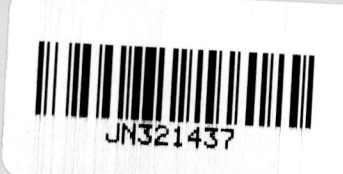

Librairie　КНИЖНЫЙ МАГАЗИН　Bookstore　Nhá sách

本屋って何？

秋田喜代美［監修］

稲葉 茂勝［文］

ミネルヴァ書房

Buchhandlung　Kirjakauppa　Toko buku　Βιβλιοπωλείο

はじめに

少し昔のことです。まちの本屋さんは地域の人たちが集まる場として大きな役割を果たしていました。そこは本と出あうだけでなく、お店の人との会話も楽しみでした。ところが最近では、本もインターネットでかんたんに買うことができるようになり、本屋さんという「場」がどんどんへってしまいました。

そんななかでも、ふらっと本屋さんに足をはこぶという人や、本屋さんにいれば何時間でも時間をつぶせるという人、１日に何軒も本屋さんをはしごするといった人も多くいます。そういう人たちにとって本屋さんの魅力とはなんでしょうか。

◆

日本では、毎日のように多くの新刊本が出版されています。１年間に約７万 8000 点、１日平均で約 215 点です（2012 年*）。こうした本を一望できる場所が本屋さんです。

ところが、まちの本屋さんは小さいお店が多く、売り場面積が限られていて、一部の本しかならべることができません。そこで、どの本屋さんも限られたスペースを、どうやってじょうずに使うか、工夫に余念がありません。

ぜひこの本を買ってほしい！　という書店員さんの熱意が感じられる本屋さんがあります。このポップ（写真）を書いた人はきっとこの本が大好きで、多くの人に読んでほしいと願っているのだろうと思える本屋さんもあります。どんな人がこのポップを書いているんだろう？　その書店員さんに話を聞いてみたくなります。

近年、小中学校で職場体験がさかんです。どんなお店が、どんな工夫をして、どんな商品をならべているのか。書店員さんは、どんな気持ちで働いているのかといったことを、実際の体験を通して知ることがとてもたいせつだといわれています。

*『出版月報　2013年１月号』（社団法人全国出版協会・出版科学研究所）より。

本屋さんでは、いろいろな本に出あえます。えっ、こんな本があるんだ！　外国のことについて書かれた本は、タイトルを見るだけでも異文化理解につながります。本屋さんに来る人のようすを見ると、どんな本が人気があるのかがわかります。そう、本屋さんというところは、人びとがどんなことを考えているのか、なにを感じているのかがわかる「場」なのです。

本屋さんにならんでいる本でも、自分にとってよくないものもあります。本屋さんは、どんな本が自分にとってよいもので、どんな本がよくないかを見きわめられる「場」でもあります。

はじめて自分のおこづかいで自分のものを自分の意志で買いに行く店が本屋さんなら、だれも文句を言いません。自分のお金ではじめて買った商品はその人にとって一生の思い出になります。その商品が本であった人は、自分の進路に迷ったときなどにも本屋さんに行くでしょう。知識の多くを本屋さんから得る人になるかもしれません。きっと本好きになるでしょう。

最近、あちこちで読書推進活動がさかんです。「本屋さんへ行こう！」といった体験学習や本をめぐる総合的な学習を小学校や中学校、高校でも取りいれてもよいのではないでしょうか。この本は、そうした思いを大胆に提案しながら構成しました。

稲葉茂勝

もくじ

第1章 調べよう！ 世界の本屋さん

パート1 本屋さんの歴史

パート2 写真で見る外国の本屋さん

第2章 調べよう！ 日本の本屋さん

パート1 日本の本屋さんのはじまり

パート2 明治維新から現代までの本屋さん

第3章 見てみよう！ 本屋さんの仕事

パート1 本屋さんを探検！

パート2 本屋さんの舞台裏を見せてもらおう!

第4章　もっと知りたい!　本屋さんの秘密

パート1　本屋さんで学ぼう

パート2　全国のおもしろ本屋さん発見!

※本文中で青字になっている言葉は、ページの下欄で説明を加えています。

JBA
JAIN BOOK AGENCY
1935
General & Law Books
Govt. Publications

KASSA

調べよう！

第1章　世界の

3 FOR 2
FICTION
DYMOCKS

本屋さん

kitabevi.com.tr
KMEN KİTABEVİ 19
MURAT AÇIKÖĞRETİM YAYINLARI
Burada Satılmaktadır
16 TÜRKMEN KİTABEVİ

本の売り買いのはじまり

印刷機が発明される前、本（書物、書籍、図書）は人の手で書き写されていました。報酬をもらって本を書き写す仕事をしていた人と、彼らの仕事場が、世界の本屋さん*のはじまりだといえるでしょう。

*この本では、書店をふくめ「本屋」に統一し、本文では「さん」を省略します。

古代エジプトのアレクサンドリア図書館には、パピルスの巻物を求めて多くの学者たちが集まった。

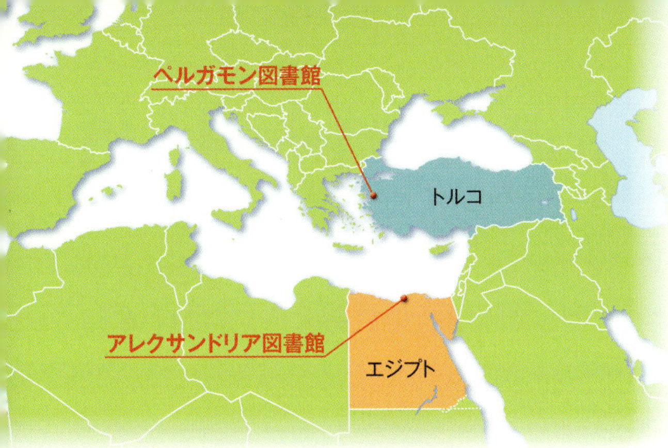

古代ギリシャにはじまる？

本の売買は、紀元前の古代ギリシャ時代にさかのぼります。詩人や演説家によっておこなわれた演説が書きとめられ、その写しが販売されていました。これが当時の本屋のはじまりではないかと考えられます。

『ブリタニカ百科事典（エンサイクロペディア・ブリタニカ）』によると、「アリストテレスは多くの蔵書を所有」していました。また、「プラトンは、ピタゴラス学派の哲学者フィロラオスの３本の論文に大金を支払った」という記録があります。さらに、「紀元前300年ごろにエジプトに、アレクサンドリア図書館がたてられたときには、アテナイ人（現在のギリシャの首都アテネに住んでいた人びと）の本屋がさかんに活躍していた」とか、ローマ帝国時代には、裕福な人たちのあいだで「家財の一部として書斎をもつことが流行していた」「本の商売がさかんになり、本を売る店のドアや柱にはおいてある本のリストが掲示されていた」などと書かれています。

もっとくわしく　本の誕生

アレクサンドリア図書館がつくられてまもない、紀元前２世紀ごろにペルガモン（現在のトルコ）で、アレクサンドリアにまけない図書館の建設がはじまりました。ところが、エジプトがパピルスの輸出を禁止。そこでつくられたのが、羊皮紙です。ヤギやヒツジの皮をうすくのばした羊皮紙は、両面に文字を書くことができて、折ることもできました。こうして、書物はパピルスの巻物から本のかたちになりました。しかし、現在の本と同じものが完成したのは、それからだいぶたった６世紀はじめの、イタリアの修道院でのことだといわれています。

さらに昔から？

紙を意味する英語「ペーパー（paper）」の語源となったパピルスは、ナイル川のほとりにはえる「パピルス（papyrus）」という植物からつくられました。それは、古代ギリシャ時代より前の古代エジプト時代のことでした。

古代エジプト時代には、すでにアシという植物でつくったペンと、すすでつくったインクで、パピルスに文字を書いていました。アレクサンドリア図書館には、パピルスに書かれた数十万巻の本があったといわれています。そのころの本のかたちは巻物でした。

こう考えると、巻物の売買は、古代エジプトからおこなわれていたと想像することもできます。

『ブリタニカ百科事典』は、1768～1771年に初版がイギリスで発行され、1901年からはアメリカで発行されてきた世界的に権威のある百科事典。2012年に停止されるまで、242年間に15版まで発行された。現在は、インターネット上の百科事典となっている。

アリストテレス：紀元前384～紀元前322年。古代ギリシャの哲学者で、プラトンの弟子。あらゆる分野でその後の学問に影響をあたえ「万学の祖」ともよばれる。

プラトン：紀元前427～紀元前347年。古代ギリシャの哲学者。ソクラテスの弟子で、アリストテレスの師。アテネ郊外に学園「アカデメイア」をたてた。

近代の本屋さんのうつりかわり

11世紀、イタリアでボローニャ大学がつくられたのをきっかけにして、各地に大学が誕生します。それとともに、あらゆる分野の本に関心がもたれるようになり、本屋さんの活動もさかんになっていきます。

大学の誕生

大学の歴史は11～12世紀にはじまります。世界最古の大学は1088年設立とされるイタリアのボローニャ大学です。その後、イギリスのオックスフォード大学、フランスのパリ大学などが開設。こうしたなか、大学での学問がさかんになります。それを支えたのが図書館の本でした。

すると、本を自分の手元においておきたいという思いで本を買う人も増え、当然、本の売り買いもさかんになり、現代のような本屋のかたちになっていきます。

『ブリタニカ百科事典』(→11ページ)には、「本屋という商売は、12世紀のパリとボローニャで成立したようであり、法律家と大学が先がけてはじめたようである」と記されています。

ボローニャ大学は「世界の大学の原点」とされている。

もっとくわしく

印刷技術の歴史

中国で2世紀ごろに紙が発明され、7世紀には木版印刷がおこなわれ、さらに11世紀、陶器でつくられた活字で印刷がはじまりました。いっぽうヨーロッパでは、1445年ごろ、ヨハネス・グーテンベルクが金属活字の活版印刷技術を発明。印刷物や本も急速に広まりました。

- 7世紀末～8世紀初頭、中国で木版印刷がはじまる。
- 868年、中国で最古の印刷書籍「金剛般若波羅蜜経《こんごうはんにゃはらみつきょう》」が誕生。
- 宋《そう》時代、中国で木版印刷と出版がさかんになる。
- 11世紀、中国で陶製の膠泥《こうでい》活字が誕生。
- 1314年、中国の王禎《おうてい》が「農書《のうしょ》」22巻を木活字により刊行。
- 1403年、朝鮮半島で、太宗《テジョン》官立の銅活字鋳造所が設立される。
- 1430年、ドイツで世界初の銅版彫刻が誕生。
- 1445年ごろ、ドイツでグーテンベルクが活版印刷術を発明。

ヨハネス・グーテンベルク：1400ごろ～1468年。ドイツの技術者。　活版印刷：金属などで一字ごとにつくられた「活字」を組みあわせ、「活版」をつくって印刷する方法。木版印刷に対し、活字の組みかえによってさまざまな版をつくることが可能。　木版印刷：木の板に文字や絵を彫り、「木版」をつくって印刷する方法。

印刷業者が本屋を営む

15世紀、ドイツで印刷機が発明され、本がつぎつぎとつくられるようになると、印刷業者の多くが本屋をかねるようになります。世界各地の大学が本の販売にかかわっていきます。

そのころの大学では印刷業者を認定し、そこで本などを印刷しました。大学は認定した印刷業者以外には、印刷も販売もさせませんでした。

しかし、本の人気がますます高まってくると、認定されていない本屋が多く登場。本の売買がさかんにおこなわれるようになります。こうしてオックスフォード大学などでは、貴重な本が数多く印刷されて流出していたといわれています。

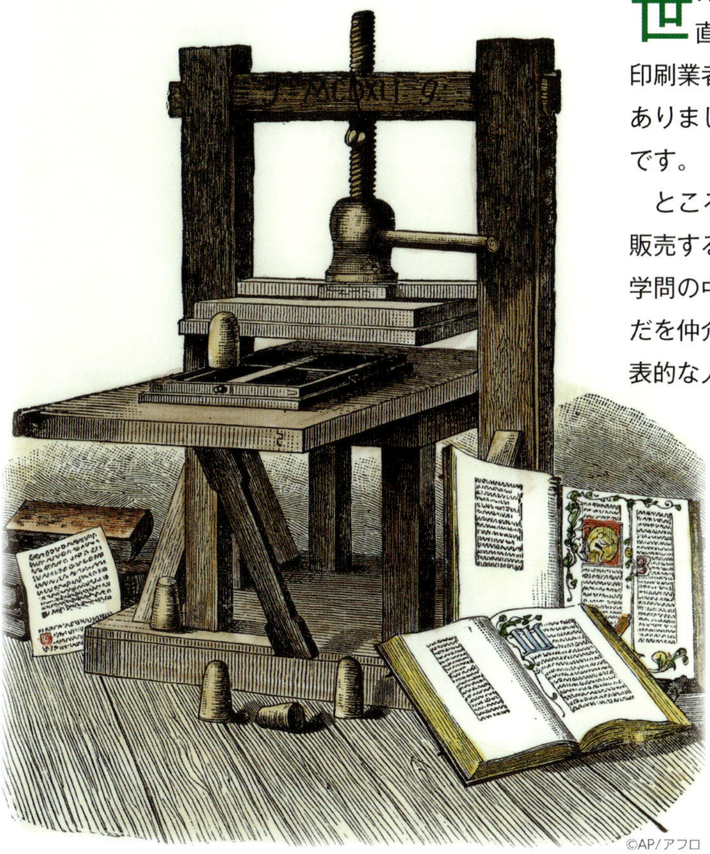

©AP/アフロ

グーテンベルクが発明した、活版印刷機。本の大量生産が可能となった。

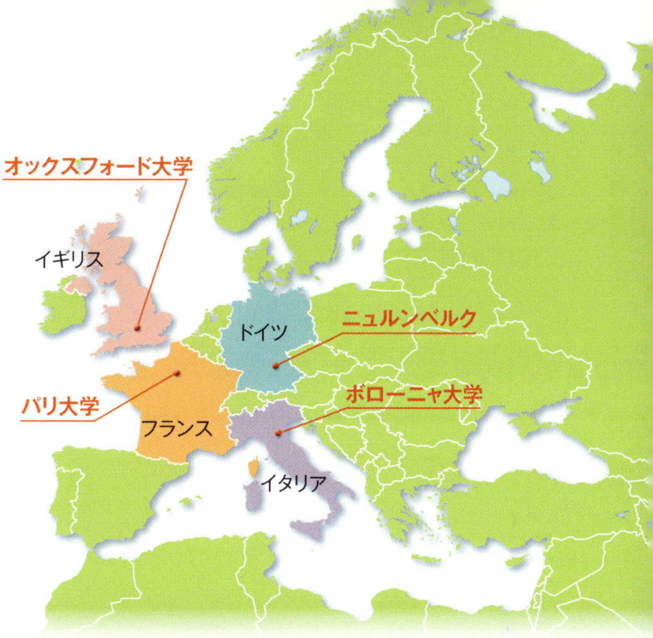

本屋の近代化

世界の本屋の近代化は、印刷機が発明された直後からはじまりました。しかし、当初は印刷業者が、本の編集者であり、本の製造者でもありました。さらに、本の販売業者でもあったのです。

ところが、あらゆる種類の本を編集し、製造、販売することなど、とうていできません。そこで学問の中心地には、本を発行する人と読者のあいだを仲介する人、すなわち本屋が登場！　その代表的な人物が、ドイツのアントン・コーベルガーでした。

彼は、もともとは金細工師でしたが、印刷機を購入し、1470年にニュルンベルクに最初の印刷技術を導入し、本の販売をはじめました。

その後、近代的な本屋として大きな成功をおさめました。彼の会社は、印刷業者でありながら現在見られる本屋のかたちをなしていました。彼は、ヨーロッパの多くの都市で本屋をつくっていきました。

アントン・コーベルガー：1445～1513年（1440年生まれとする説もある）。ドイツ南部の都市ニュルンベルクを中心に、初期の印刷業で大成功をおさめた人物として今日まで知られる。

出版社と読者との仲介役

19世紀になると本屋さんは、印刷業者から分離します。そしてしだいに、現在どこの国でもよく見かけるような本屋さんのかたちとなって、出版社と読者を仲介する役割を果たすようになります。

本の小売りと卸売り

ヨーロッパの国ぐにでは、本をつくる会社と本を読者に販売する本屋とのあいだに、本の卸売りをする本の問屋ができはじめます。

本を買いたい人はまちの本屋に行きます。しかし、まちの本屋がその本をつくる出版社と取引があるとはかぎりません。そこに、本を印刷する多くの会社から、本を大量に買いとって（読者に直接販売するのではなく）まちの本屋に販売するという卸売り業者＝問屋（日本では「取次《とりつぎ》」とよぶ）が登場してきたわけです。

いっぽう、本を書く人の原稿を編集して本を制作することを中心におこなおうとする「本屋」も出てきました。これが現在の出版社のかたちです。

こうしてそれまでの本屋のかたちと異なり、出版社、問屋、小売店というように役割分担がおこなわれていきます。イギリスのロンドンでは、1890年に本屋の協会が組織されます。その目的は、販売競争によっておこる値引きの率を低くおさえるためだったといわれています。その後、その組織は、「グレート・ブリテンおよびアイルランド書籍商組合」に成長しました。

本屋は、現在世界じゅうの国でよく見かけるお店です。多くの国で、都市部には、アメリカのバーンズ・アンド・ノーブル (→18ページ) や日本の紀伊國屋書店《きのくにやしょてん》 (→34ページ) のような大手チェーン店があって、同時に小さなまちのそこかしこには、地域の特色をもつ個人経営の本屋があります。

ベルギーのブルージュ書店は、欧州大学院大学のとなりにある。商品構成は大学を意識したものとなっており、大学教科書や参考書売り場が充実している。

ニュージーランドの大手チェーン店、ウィットコール書店。

取次：出版社と本屋さんのあいだで本を流通させている会社のこと。日販、トーハンなどが代表的。

ウェールズ（イギリス）、ボーイス
ヘイ・オン・ワイ

©SIME/アフロ

古本屋のおこり

出版社、問屋、小売店の役割分担が明確になってくると、出版社がつくる新刊書を小売りするか、昔からある古い本を仕入れて販売するかというちがいがうまれてきました。

そもそも本屋の歴史は、昔からある本を写すことで対価を得ることからはじまりました（→11ページ）が、現代になって古本の販売は、古本屋がおこなうようになり、新刊書をあつかう本屋とは区別されてきました。

トルコのイスタンブールにあるサハフラル・チャルシュスやウェールズ（イギリス）のポーイスにあるヘイ・オン・ワイ、東京の神保町《じんぼうちょう》などには、古本を読者に提供する古本屋が集まっています。

トルコ、イスタンブール
サハフラル・チャルシュス

©Alamy/アフロ

日本、東京
神保町

サハフラル・チャルシュス：イスタンブールのベヤズット地区にあるバザール（市場）街。たくさんの市場が集まる「グランドバザール」とイスタンブール大学とのあいだに位置する。　ヘイ・オン・ワイ：ウェールズ東部のポーイスに位置する小さなまち。まちじゅうに古書店が30軒ほどならび「古書の聖地」などともよばれる。

イギリス北東部のヨーク駅にあるW・H・スミスの店舗。

本屋さんの歴史、イギリスでは？

1792年にロンドンに設立されたW・H・スミスは、「スミシズ（Smith's）」として、現在イギリス人ならだれもが知っているお店です。本や新聞だけでなく、文具や娯楽品の販売もおこなっています。

「スミシズ」の歴史＝近代書店の歴史

スミシズがつくられたのは、1792年のこと。日本では江戸時代の中期です。ヘンリー・ウォルトン・スミスと妻のアンナが、ロンドンで新聞販売店を開店。その後息子が引きつぎ、1848年にユーストン駅に新聞や本をあつかう売店をおいたことをきっかけに、鉄道を利用した新聞などの配送会社に発展。鉄道駅のほか、病院、ガソリンスタンドなどで、本、文具、雑誌、新聞、娯楽品を販売するチェーン店として成長していきました。

「チェーン店」とは、店の外観やサービスの内容を統一し、多数の店舗の運営や管理をする会社です。W・H・スミス社は世界初の本屋のチェーン店といわれています。

ISBN《アイエスビーエヌ》の発明

ISBN（International Standard Book Number）は、「国際標準図書番号」のことで、世界じゅうで番号によって、本を見わけられるようにしたシステムです。

ISBNで本を分類することを発明したのは、W・H・スミス社です。W・H・スミス社が1966年に開発したスタンダード・ブック・ナンバリング（Standard Book Numbering）が、1970年に国際機関に採用され、1974年に全世界共通のISBNになりました。

このようにW・H・スミス社は、イギリスだけでなく世界の本屋の近代化に大きく貢献してきました。

ヘンリー・ウォルトン・スミス：1738〜1792年。W・H・スミス商会の設立者。死後は息子のウィリアム・ヘンリー・スミス（1792〜1865年）が事業を引きついだ。　ユーストン駅：ロンドン中心部にあるターミナル駅のひとつ。

世界共通の規格ISBN《アイエスビーエヌ》をくわしく知ろう！

ISBNは13けたの数字です。ISBNがわかれば、世界中どこでも目当ての本を見つけだすことができます。ここでは、それぞれの数字がなにをあらわしているのかを見てみましょう。

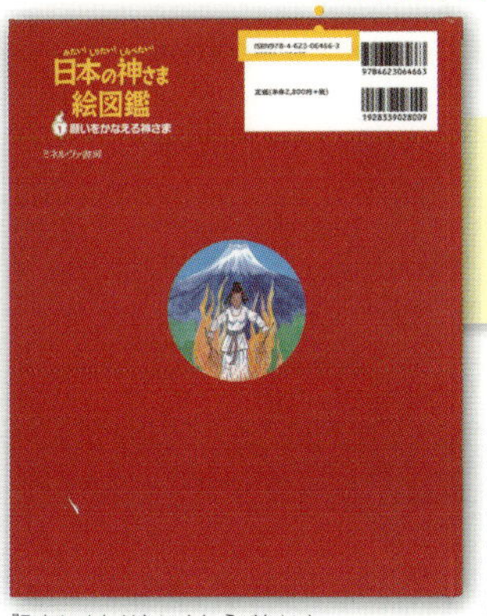

『みたい！しりたい！しらべたい！
日本の神さま絵図鑑　1 願いをかなえる神さま』
(松尾恒一／監修、ミネルヴァ書房)

ISBNの仕組み

例《れい》 ISBN978 − 4 − 623 − 06466 − 3

❶ ❷ ❸ ❹ ❺

❶ 識別子
書籍であることをしめす。「978」ではじまる番号を使いきった国や地域では、「979」も使用する。

❷ 国別記号
発行する国または地域をあらわす数字。日本で発行される本の国別記号は、「4」となる。

❸ 出版者（社）記号
出版者（書籍を発行する個人）や出版社をあらわす数字。

❹ 書名記号
書籍の書名（タイトル）ごとにつけられる数字。出版者（社）が責任をもって管理し、付与する。

❺ チェック数字
コンピューターが、読みとったコードの誤りを自動的に検出するための数字。

識別子と国別記号の例

国（地域）	識別子 - 国別記号
日本	978 - 4
英語圏 （オーストラリア、カナダ、ジブラルタル、ニュージーランド、南アフリカ、イギリス、アイルランド、アメリカ、ジンバブエ）	978 - 0 978 - 1
イタリア	978 - 88
ドイツ語圏 （ドイツ、オーストリア、スイス）	978 - 3
フランス	979 - 10
フランス語圏 （フランス、ベルギー、カナダ、スイス）	978 - 2

国（地域）	識別子 - 国別記号
ロシア　※旧ソビエト連邦時代の書籍もふくむ。	978 - 5
インドネシア	978 - 602 978 - 979
インド	978 - 93 978 - 81
韓国	978 - 89
中国（大陸）	978 - 7
中国（香港）	978 - 962 978 - 988
ベトナム	978 - 604
エジプト	978 - 977

香港：中国東南部の島じまからなる地域で、中国の特別行政区。19世紀にイギリスの植民地となったが、1997年にイギリスから中国へ返還された。中国の領土でありながら「一国二制度」として資本主義体制が認められ、高い自治権をもっている。

アメリカの本屋さんの歴史

アメリカでは、小売書店以外の販売ルート（通信販売など）が発達してきたので、小さな本屋さんの地位は、あまり高くありませんでした。巨大なチェーン店が目立っています。

戦地や新聞スタンドで

1829年、アメリカのボストンでペーパーバック（→右ページ）の本が出版されました。20世紀に入るとどんどん普及し、第二次世界大戦のはじまるころには、アメリカで初のペーパーバック専門出版社であるポケット・ブックス社が設立されました。ここがつくる本は、戦地の兵士にも読みやすいため、また、新聞スタンドで売られたため、ペーパーバックの本がアメリカで大ブームとなりました。

1960年代になると、ハードカバーの本を取りあつかう個人経営の本屋が登場。現在アメリカの最大手のバーンズ・アンド・ノーブルは、1970年代から急速に成長を続け、2009年10月時点で、アメリカ全国に700以上の店を運営するチェーン店になりました。そのなかの多くがコーヒーを提供するコーナーや、ベストセラーを値引き販売するコーナーを設けるなど、それまでの本屋のわくをこえる、新しいスタイルで成長してきました。

©Startraks/アフロ

ニューヨークのバーンズ・アンド・ノーブルの店舗。書籍はもちろんDVDや雑誌、CDもあつかう。

大型チェーン店の発展

1970年代には、バーンズ・アンド・ノーブルやビー・ドルトンのような大型チェーン店が躍進し、また、郊外型書店も登場し、急速に発展します。

1980年代になると大型チェーン店で、雑誌のほか、ビデオソフトやコンピューターゲーム、カレンダーの販売をおこなうようになります。

1990年代にはスーパーストアとよばれる超大型の本屋が登場。しかし、アメリカでは本の価格が統一されていないため、本を大幅に割引して販売することも目立ってきました。

2000年代に入るとインターネットにより携帯端末で本を読む文化が登場。急成長します。アメリカの本の業界は大きく変化し、本屋そのものがなくなっていくのではないかと心配されています。

2011年、アメリカ２位のチェーン店だったボーダーズ・グループが倒産しました。2013年現在もがんばっているバーンズ・アンド・ノーブルでさえ、インターネットの波にどのように対抗するかによっては倒産もありうると見られています。

郊外型書店：都市の周辺の郊外に位置する中型～大型書店。多くはチェーン展開し、広い売り場をもっている。お客さんは車で来ることが多いため、幹線道路ぞいにあり、大きな駐車場を備えていることも特徴のひとつ。日本でも1970～1980年代ごろに広がっていったとされる。

ペーパーバックと製本

ヨーロッパ・アメリカなどの本の表紙は、18世紀までは分厚く豪華な装飾のついたもの（ハードカバー）でしたが、19世紀になると、ペーパーバックとよばれる低価格本が登場。製本のしかたもさまざまになります。

ペーパーバックとは？

ペーパーバックは、ソフトカバーともよばれ、値段の安い紙に印刷され、表紙に特別なものを使っていない本のことです。日本では、皮や布や厚紙による「上製本《じょうせいぼん》」に対し、「並製本《なみせいぼん》」とよばれています。雑誌、新書（→69ページ）、文庫のほとんどは並製本です。

アメリカの本屋さんにならぶペーパーバックの本。

東京のジュンク堂書店池袋本店の新書の書だな。（撮影：福島章公）

製本の種類

本のかたちにすることを製本とよびます。ページ順に折りたたみ（折丁）、これを順序よくそろえてとじあわせ（丁合）、表紙をつけ、ひら（表紙の平らになっている部分）や背などに装飾をほどこします。

製本は和装本《わそうぼん》と洋装本《ようそうぼん》に大別されますが、現在ではほとんど洋装本です。

接着剤で背をはりつける無線とじのほか、雑誌などでみられる針金（ホッチキス）でとじる平とじや中とじ*などがあります。

本のとじ方

●無線とじ

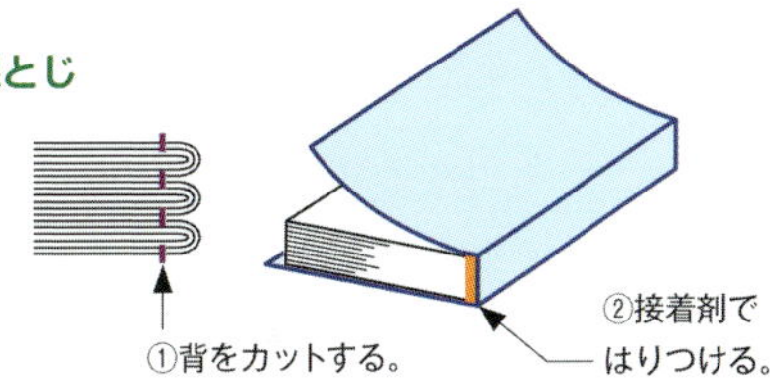

●平とじ

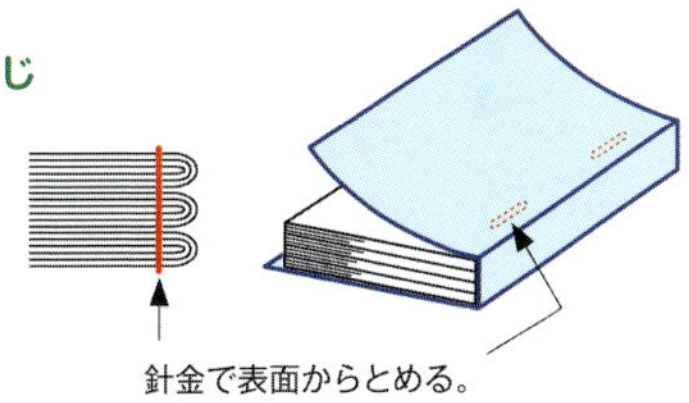

●中とじ

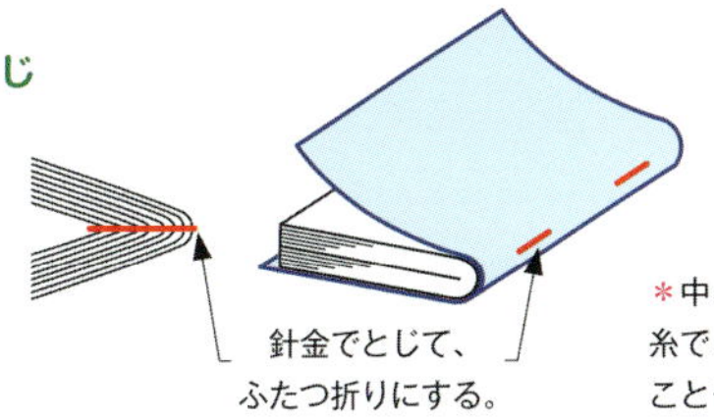

*中とじは、糸でとじることもある。

和装本：本の背を全部おおわず、一部を布や紙でおおう製本。中面の紙には片面のみ印刷し、印刷面が外側になるようにふたつ折にして、糸でとじることが多い。日本に古くからある製本だが、現在では一部の本のみでおこなわれている。　洋装本：本の背をすべて表紙でおおう製本。中面の紙は両面に印刷する。

ハッチャーズとは?

現在も営業している古い本屋さんの代表的な存在が、ロンドンのハッチャーズです。創業は1797年で、イギリス王室御用達の本屋さんです。

1 ハッチャーズ（イギリス、ロンドン）
ロンドンにある本屋のなかでもっとも古く、ジョン・ハッチャーズによって1797年に創業された。イギリス王室御用達。店内は重厚感があり、歴史を感じさせる。10万タイトル以上の本をあつかう。マーガレット・サッチャーやJ・K・ローリングなど、有名人によるサイン会もおこなわれている。

AGE FOTOSTOCK／アフロ

世界の本屋さんトップ10

本が好きな人ならだれでも自分のお気に入りの本屋があるものです。それは、世界じゅうどこの国の人びとも同じです。ところが最近、魅力ある本屋も、ネット書店（インターネットの本屋 （→63ページ））などによって、経営はどんどんきびしい状況をしいられています。繁盛している店を見つけるのが、とても困難です。

イギリスをはじめ世界の本屋の経営がきびしくなるなか、2008年1月、イギリスの『ガーディアン』紙に「世界の本屋さんトップ10」という記事がのりました。そのなかのひとつが、イギリスで現存するもっとも古い本屋であるロンドンのハッチャーズです（その他9店は右ページ参照）。

立派な袋

ハッチャーズは、イギリスの本屋といえばかならず名前の出てくる店。王室御用達の独特の雰囲気があり、そこかしこに格調の高さが感じられます。ロンドンを舞台にした小説にも、この本屋がよく登場します。

本を買ったときに入れてくれる紙袋まで立派です。日本の場合、本屋の袋は、デザインや材質にいろいろな工夫がこらされたものが多いので、紙袋が立派だからといっておどろきませんが、本の包装があまりおこなわれていないヨーロッパでは、ハッチャーズの紙袋はひときわ光るものがあります。

『ガーディアン』：1821年、マンチェスターで創刊された新聞（当時の紙名は『マンチェスター・ガーディアン』）。その後本社をロンドンにうつし、自由主義的な立場の高級日刊紙として、現在までイギリスの代表的な新聞のひとつとなる。

世界の本屋さんトップ10

「本屋さんのトップ」といっても、なにを基準にするかで大きくかわります。ここでは『ガーディアン』というイギリスの新聞が独自の基準でえらんだ本屋さんを見てみましょう。

2 セレクシス・ドミニカネン（オランダ、マーストリヒト）

13世紀にたてられたゴシック教会が修復され、2006年に本屋として生まれかわった。古い教会の魅力をそのままのこし、広い空間をいかして講演会などもおこなわれている。

右側の建物が教会、正面の入りロ。

講演会で、2階から1階にいる聴衆に向かって話す講演者。

新たに教会内部につくられた書だな。

3 エル・アテネオ・グランド・スプレンディッド（アルゼンチン、ブエノスアイレス）

古い劇場が本屋さんに改造されたもの。天井の絵画、舞台の深紅のカーテン、手の込んだ彫刻といった壮麗さを当時のままにのこしている。舞台の上はカフェとして使用され、観客席は読書スペースになっている。

4 レロ・イ・イルマオン（ポルトガル、ポルト）

ポルト旧市街は地区一帯が世界遺産となっており、この本屋も建物全体が世界遺産に登録されている。1881年創業と歴史は古い。天井のステンドグラスや、壁にほどこされた彫刻も美しい。

5 シークレット・ヘッドクォーターズ（アメリカ、ロサンゼルス）

ロサンゼルスにあるコミックの専門店。シルバーレイクという、芸術家やミュージシャンが集まるおしゃれなまちにある。書だなにならぶ鮮やかな本は整頓されており、店員さんたちも親切。

6 ボーダーズ・グラスゴー店（イギリス、グラスゴー）

1827年にたてられた王立銀行が本屋として改装されたもの。ボーダーズは大手書店チェーンだが、この店舗はとくに見事な外観が、多くの本好きを引きつけてきた。（2009年閉店）

7 スカーシン・ブックス（イギリス、ダービシャー）

1970年代にオープンした、新刊書と古書をあつかう本屋。とくに子どもむけの本が充実。湖のそばにあり、店内にすてきなカフェも併設されている。その魅力にとりつかれた人びとが、とまりこみで訪れている。

8 ポサダ（ベルギー、ブリュッセル）

ブリュッセルの教会近くにある本屋で、美術書をあつかっていた。店内のディスプレイがとても美しく、展覧会のカタログのコレクションは群をぬいており、20世紀はじめのカタログまで見ることができた。（2011年閉店）

9 エル・ペンデュロ・ポランコ店（メキシコ、メキシコシティ）

ふきぬけの店内の書だなに植物が生い茂る本屋。壁一面に連なった本と、そこにからまるツタが壮観。ならんでいるのはスペイン語の本がほとんど。併設されているカフェも人気で、本を片手にくつろぐ人も多い。

10 恵《けい》文《ぶん》社《しゃ》一《いち》乗《じょう》寺《じ》店《てん》（日本、京都）

京都にある、世界的に評価が高い本屋。1975年にオープン。本に関するセレクトショップで、ブックカバー、文具などもおかれている。

木造の店内は居心地がよく、本好きが日本じゅうから足をはこんでいる。

恵文社一乗寺店：京都市左《さ》京《きょう》区。書籍、雑貨をあつかうほかギャラリーも併設する。一乗寺店のほか、京都府内に２軒の姉妹店がある。

ヨーロッパとオセアニアの本屋さん

ここからは6ページにわたり、ヨーロッパとオセアニアの主な国の本屋さんのようすを写真で見ていきます。本屋さんは、それぞれの国でなんとよばれ、その国の文字でどのように書かれるかも見てみます。

フィンランド　A

アカテーミネン書店は、1969年創業の地下１階、地上３階の大型店。１階中央部分の広場には、本を読む人のほかソファーがならんでいて、多くの人が休んだり、談笑したりしている。２、３階はふきぬけになっていて、売り場は回廊状。

なんて言うの？どんな文字？

Kirjakauppa《キルヤカウッパ》

アカテーミネン書店は、ストックマンというヘルシンキ市内でいちばん大きなデパートのとなりにある。

暖かみのある店内では、いすに座って本を読むこともできる。

スウェーデン　B

アカデミー書店は、首都ストックホルムでいちばん大きく、ノーベル賞授賞式がおこなわれるまちにふさわしいアカデミックな本屋。ここは子どもの本をおいていない。人文・社会科学、医学、芸術などを中心とした専門性の高い本屋。スーパーマーケットのように、入り口と出口が別になっているのが特徴的。

なんて言うの？どんな文字？

Bokhandel《ブークハンデル》

アカデミー書店の入り口。

アカテーミネン書店：フィンランドを代表する建築家アルヴァ・アアルトの設計としても知られる書店。２階にはその名を冠した「カフェ・アアルト」もある。

アカデミー書店：1992年創業。大手書店で、スウェーデン国内に数十店舗をもつ。ストックホルムの店舗は市の中心地セルゲル広場に面している。

ノルウェー・・・C

首都オスロには大型書店、老舗《しにせ》書店が多く、そのなかでもターナム書店はチェーン店が多くいちばん大きい。

なんて言うの？ どんな文字？

Bokhandel《ブークハンデル》

オスロのカールヨハン通りにあるターナム書店の本店。

店内では、本だけでなく、文具も充実している。

ドイツ・・・D

フランクフルトにあるフューゲンデューベル書店は、ドイツ最大のチェーン店で、ベルリン、ドレスデン、ミュンヘンなどにいくつもの店をもつ。どれも大型店ばかり。とくにフランクフルト店には、ブックフェア(→35ページ)に参加する世界じゅうからきた出版社の人が多く訪れる。

なんて言うの？ どんな文字？

Buchhandlung《ブーフハンドルング》

フランクフルト店は映画館を改装した建物。地下1階、地上3階の店内中央には、エスカレーターがある。

もっとくわしく ベルギーの古本の村

E

1店1店がジャンル別にテーマをもつ古本屋になっている。

ベルギーの首都ブリュッセルの南東約120kmにあるアルデンヌ地方の小さな村ルデュ村は、1000年以上の歴史をもっています。ところが、1980年代のはじめには、人口がわずか20人となり、地図からも消えかかろうとしていました。その村が今では「本の村」としてよみがえりました。きっかけをつくったのは、古本の収集が趣味という事業家ノエル・アンスロー氏です。偶然、1964年、人工衛星の追跡観測などをおこなう基地の建設地をさがしていたヨーロッパ宇宙開発機関が、ルデュ村近くに決定。これに目をつけたアンスロー氏がそこに第1号の古本専門店を開業します。古本祭りを開催したところ、基地建設による注目とあいまって、ルデュ村を「本の村」にしようとする機運が高まります。空き家になっていた農家や馬小屋、学校などがつぎつぎと本屋に改装されました。楽譜の店、海洋の本専門店、アンティーク、天文学、歴史、芸術、旅行、宗教等の本専門店など、現在では本屋の数は50店以上になり、中心地にはレストランができました。夏期や週末は、ヨーロッパじゅうからブックマニアや観光客が押しよせています。

ターナム書店：1832年創業。本店はオスロでいちばん古い書店で、児童書が年齢別にわけて陳列されている。　フューゲンデューベル書店：1893年創業。ミュンヘンに本社があり、フランクフルト店は1990年にオープンした。ロッカーやカフェ、インフォメーションセンターなど設備も充実している。

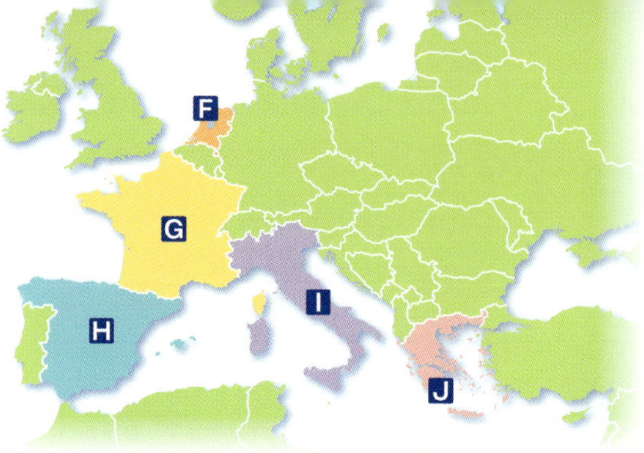

オランダ　F

ウォーターストーンズはイギリスのチェーン書店。アムステルダム店は、児童書売り場が充実しているのが特徴。絵本コーナーわきには、すべり台、おもちゃ、ぬいぐるみなどがおかれた、子どもの広場になっている。

なんて言うの？どんな文字？

Boekhandel《ブクハンデル》

アムステルダム店は、1階から4階の総合書店。
角店なので目立つ店がまえ。

児童書売り場は年齢別に本が分類され、ならべられている。

フランス　G

フナックは、創業1954年のフランス最大のチェーン書店。現在は、フランスの各都市に60店以上があり、ベルギー、スペイン、ポルトガル、台湾にも店をもつ。パリのメイン店はフナック・フォーラム店で、店の入り口から生活実用書→地図・ガイドブック→コミック→子どもの本→美術・デザイン書→語学→人文書→歴史書→コンピューター→理工学書の順に、店の奥に行くほど専門書のゾーンとなっていることが特色だ。

なんて言うの？どんな文字？

Librairie《リブレリ》

フナック・フォーラム店は、1階が本、2階が電化製品、コンピューター、CD、DVDの売り場となっている。

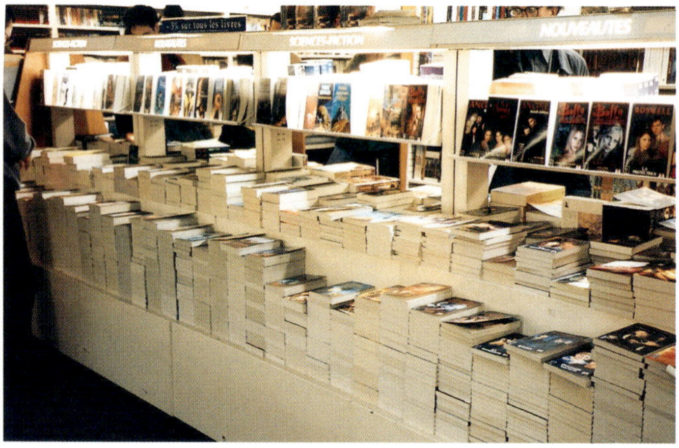

フナック・フォーラム店の文芸書売り場。
ペーパーバックの本がならんでいる。

ウォーターストーンズ：1982年に創業した大手書店チェーン。イギリスを中心に、オランダのアムステルダム、ベルギーのブリュッセルなどにも店舗をもつ。

フナック：フランス国内外の店舗では、本だけでなく、CDやDVD、オーディオ機器、コンピューターもあつかい、コンサートなどのチケットも買うことができる。

スペイン H

カサ・デル・リブロは、スペインの首都マドリードの中心地にある地下1階、地上4階の本屋で、90年の歴史をもつ。1階は床にすのこ状の板をしき、そのうえに本が積みあげられている。ヨーロッパの本屋ではあまり見かけない光景だ。

なんて言うの？どんな文字？

Librería《リブレリーア》

カサ・デル・リブロは、グランビア通りにある。立地がよく、夜遅くまでにぎわっている。

店内では、真っ赤な書だなと平台に本がならんでいる。

イタリア I

モンダドーリ書店は、文芸、人文の大手であるモンダドーリ出版社の直営書店。1階は新刊書、文芸書、歴史書があり、売り場の3分の1はカフェのスペースになっている。2階は手前が子どもの本売り場、奥が理工、人文の専門書売り場となっている。

なんて言うの？どんな文字？

Libreria《リブレリーア》

ギリシャ J

パタカ書店の創業は、1932年と古い。1階は文芸書と学習書、地階は子どもの本のほか、文具も販売している。2階にはカフェがある。総合書店であるが、文系に強い店である。インフォメーションサービスも行きとどいている。

なんて言うの？どんな文字？

Βιβλιοπωλείο《ビブリオポーレイオ》

パタカ書店は、道路から引っこんだところにある建物だが、ショーウィンドウが目立つ。

カサ・デル・リブロ：1923年創業。板の上に積みあげられた本に加え、天井近くで本を転送するローラーが走るなど、個性的な内装。カサ・デル・リブロは「本の家」の意味。　モンダドーリ書店：ミラノの目抜き通り中央にあり、イタリアの書店にはめずらしく雑誌も取りあつかっている。

オーストリア ……………… K

ウィーンを代表するシュテファン寺院の前にグラーベン広場がある。ゲロルド書店は、その広場に面している。1階の売り場はドイツ語、スペイン語、英語の本が多い。

なんて言うの？どんな文字？

Buchhandlung《ブーフハンドルング》

広いウィンドウにぎっしりと本がならべられている。

チェコ ……………… L

カンゼルスベルガー書店は、首都プラハでいちばん大きい。7階だての堂々たる店がまえだが、外にむけての店名看板は目立たず、KNIHY《クニヒ》（本）と建物に大きく書かれている。

カンゼルスベルガー書店の1階は、三方がショーウィンドウである。

なんて言うの？どんな文字？

Knihkupectví《クニフクペツトヴィー》

ハンガリー ……… M

リブリ書店は、首都ブダペスト市内最大の本屋で、市内だけで8店。本店の特色はインフォメーションサービスの充実していることと、地図、コンピューターの本の品ぞろえが豊富なことだ。

なんて言うの？どんな文字？

könyvárus《クニヴァールス》

リブリ書店・本店は1、2階のL字型店舗。2階にはカフェもある。

シュテファン寺院：オーストリアの首都ウィーンにある、ゴシック様式の大聖堂。　ゲロルド書店：庶民的で親しみやすい雰囲気の書店。文学書、人文、芸術書を多く取りあつかう。　カンゼルスベルガー書店：チェコに数十店舗を展開するチェーン書店。　リブリ書店：1991年設立。ハンガリーの大手チェーン書店。

ロシア ・・・・・・・・・・・・・・・・・・・・・・・・・・・・・ N

ドム・クニーギは首都モスクワに30店以上ある。サンクトペテルブルク・ドム・クニーギは風格ある外観だが、店内の通路はせまい。

なんて言うの？ どんな文字？

книжный《クニージニイ》 магазин《マガジン》

サンクトペテルブルク・ドム・クニーギ。ロシアの書店の看板はドム・クニーギ（本の館）となっているものがほとんどである。

オーストラリア ・・・・・・・・ O

オーストラリア全土に20店以上をもつディモックス書店は、創業が1879年ととても古い。シドニー店は、オーストラリア最大。学習参考書に力を入れているのは海外書店ではめずらしい。とくに初等学習問題集や指導法に力点がおかれている。反面、コミックなどが軽視されている。

なんて言うの？ どんな文字？

bookstore《ブクストーァ》

オーストラリア最大のディモックス書店。シドニーに3店舗ある。

シドニー市内にある本社ビルは10階だて。本屋は、地階、1階、2階にある。ふきぬけが店をいっそう広く見せている。

ドム・クニーギ：ソ連の崩壊前は国によって運営されていた書店。「ドム」は「家」「館」、「クニーギ」は「本」の意味で、ロシアには「ドム・クニーギ」が多くあるが、現在はそれぞれ別の会社となっている。　ディモックス書店：シドニーで創業されたオーストラリアの大手書店チェーン。

イスラム圏の本屋さん

イスラム圏（イスラム世界）とは、中東や東南アジアなどイスラム教を信じる人びとが社会の中心にいる地域のことです。

トルコ ………………………… P

メフィスト書店は本のほかにCD、文具、玩具をあつかい、カフェもある複合店である。トルコ最大の都市イスタンブールのなかでは、広さ、本の量ともにいちばん。

メフィスト書店は、地下１階、地上２階。幅広く専門書をあつかっていることが強みである。

なんて言うの？どんな文字？

kitapçı《キタプチュ》

インドネシア ………………… Q

グラメディア書店は、インドネシアを代表するチェーン店。親会社は印刷会社である。本店は、大型総合書店。日本の大型店とちがうのは、文庫と新書がないことである。

グラメディア書店・本店は、地下駐車場と地上４階のビルである。

なんて言うの？どんな文字？

Toko《トコ》 buku《ブゥクゥ》

マレーシア ………… R

MPH書店《エムピーエイチ》は、マレーシアを代表するチェーン店。国内に20店以上をもつ。ミッドヴァレー店は、子どもの本売り場にある丸いステージが人気。店の中央部分に休憩所があって、その中心には噴水を囲むようにしてソファーがおいてある。

なんて言うの？どんな文字？

kedai《クダイ》 buku《ブク》

MPH書店・ミッドヴァレー店。子どもむけのギフトコーナーもある。

グラメディア書店：1970年創業のチェーン書店。インドネシアで新聞社や出版社をもつコンパス・グラメディアグループを親会社にもつ。本店では、マンガや雑誌などはもちろん宗教書や学術書などを幅広くあつかう。　MPH書店：1890年、シンガポールで設立。本や雑誌のほか、文具やギフト、カードもあつかう。

本が焼かれる

かなしいことに、人類の長い歴史では時の権力者によって本が焼かれることがありました。現代でも、本屋が放火される事件がおこっています。

本屋が破壊された

2012年9月7日の朝、エジプトのアレキサンドリアにある本屋街が、エジプト政府の内務省により破壊されました。このニュースは、地元だけでなく世界じゅうでも報道されました。エジプト政府が「政権側に都合の悪い思想をもつ本屋を破壊した」ともいわれています。

また、イギリスのロンドンでは、2013年2月2日、フリーダムプレスという本屋が放火されました。この本屋は、「アナキスト」とよばれる、国家の存在を認めないといった思想の本をあつかう本屋として知られていました。このように、近年、世界の各都市で、権力者にとって都合の悪い本をあつかっている本屋の破壊や放火が目立っています。

事件直後のフリーダムプレス。多くのボランティアが営業再開のためにそうじなどを手伝った。

1938年4月、オーストリアでナチスの思想に反する本を燃やすナチ党員。

焚書《ふんしょ》とは？

権力者が自らに反対する人たちをおさえつける方法のひとつとして、本に書かれた権力側に反対する思想を消しさろうと、公開の場で本などを焼きすてることを「焚書」といいます。歴史的には、紀元前213年に中国、秦《しん》の始皇帝が、実用書以外の本を焼きはらったものや、第二次世界大戦中、ナチスドイツがおこなったものが有名です。日本でも、長い歴史のなかでたびたび焚書がおこなわれてきました。第二次世界大戦後、日本を占領したGHQ（連合国軍最高司令官総司令部）が、軍国主義的な本を焼きはらったのも、焚書だと見られています。

アレキサンドリア：カイロにつぐエジプト第二の都市。エジプト北部にあり地中海に面する。　内務省：国内の地方行政や治安維持などを担当する官庁。　秦の始皇帝：紀元前259〜紀元前210年。中国最初の皇帝。　ナチスドイツ：ヒトラー率いるナチスが政権をとった、1933年から1945年までのドイツ。

「一党独裁国家」の本屋さん

世界じゅうの多くの国で、本屋さんは、権力に反対する考えを宣伝する場となっています。と同時に、権力の考えを国民に宣伝する場所にもなっています。「一党独裁」とは、ずっとひとつの政党が国を支配している国のことです。

中国の新华书店《シンホアシューティェン》の歴史 ……… S

1937年に延安《えんあん》で設立された新华书店（新華《しんか》書店《しょてん》）は、中華人民共和国が誕生すると、国営の本屋として発展。当初の活動は、中国共産党の機関紙『解放日報』の販売を中心として、共産党の指導者毛沢東《もうたくとう》の思想を国民に伝える役割を果たしました。「新华书店」の毛筆ロゴも、毛沢東主席自らが筆で書いたものです。

1951年８月、新华书店は、人民出版社《じんみんしゅっぱんしゃ》、新华书店、新《シン》华印刷厰《ホアインシュアテャン》の３つにわかれ、その下に、小売店の部門がおかれ、それぞれ発展しました。2006年の時点で、小売店の数は全国で１万4000に達しました。ところが、近年の中国の経済成長のなか、インターネットなどの普及とあいまって閉鎖されるところが続出しています。

なんて言うの？どんな文字？

书店《シューティェン》

1999年に北京に誕生した北京图书大厦。世界最大級の売り場面積をほこる。

中国でもネット販売に押される

中国でも本屋の売りあげが急速におちこみ、新华书店をはじめ、店を閉めるところが続出しています。北京《ペキン》市内に20数店あった北京最大の民営の書店チェーンで光合成书店《クァンホウチョンシューティェン》が倒産。さらに最近になって書店の倒産があいつぎ、今や大型店は王府井书店《ワンフーチンシューティェン》と北京图书大厦《ペイチントゥーシューターロウ》だけになりました。

こうした背景には、アメリカや日本と同じように、中国でもネット書店ができてきたことがあります。北京では、インターネットで注文すれば、本が翌日に届きます。また、海賊版が横行していることも見逃せません。

中華人民共和国：1949年10月、毛沢東が北京を首都として建国を宣言。　中国共産党：1921年結成。事実上の中国の一党独裁政党。　毛沢東：1893～1976年。1949年から1959年まで中華人民共和国主席をつとめる。　海賊版：権利をもつ著者・出版社の許可を得ずに無断でコピーしてつくられた本などのこと。

香港《ホンコン》では？ T

約100年のあいだイギリスに統治されていた香港は、1997年に中国に返還されました。香港では、イギリス時代、英語と広東語《カントンご》が話され、漢字は、中国本土の漢字（簡体字《かんたいじ》）とは異なる繁体字《はんたいじ》が使われていました。しかし、返還後には、簡体字、繁体字の両方が使われ、本屋でも両方の本が混在しています。

なんて言うの？どんな文字？

書店《シューティェン》

香港の老舗《しにせ》書店、中華書局《ちゅうかしょきょく》は、３階だての本屋。
１階は文具売場、２階は英文書、３階が中文書売場となっている。

北朝鮮の国営書店 U

北朝鮮にも本屋はありますが、すべて国営です。朝鮮労働党の思想を伝える物をあつかっています。権力に反対する本などをおく本屋は、北朝鮮の社会ではまったく考えられません。権力にとって不都合な本は存在できないのです。しかし、北朝鮮では国民の考えかたを権力者にとって都合のよいものにするために本屋を利用することはほとんどありません。なぜなら、それほど本屋が普及していないからです。

朝鮮語で「本屋」と書かれている看板。

平壌《ピョンヤン》にある国営書店は、ビルの１階20坪ほどの図書室といった感じの本屋。ならんでいる本は、店舗の３分の１が金日成《キムイルソン》全集や選集、朝鮮労働党の書籍、雑誌、主体《チュチェ》思想の本、3分の1は平壌市地図、ガイドブック、絵はがき、国旗、指導者のバッジなど。のこりの３分の１は、金日成肖像画、祭壇の花だ。これで本屋と言えるだろうか。

なんて言うの？どんな文字？

책방《チェクバン》

朝鮮労働党：北朝鮮の政権をにぎる政党。1949年に北朝鮮労働党と南朝鮮労働党が合併し、金日成を委員長として成立する。

アジアのさまざまな国の本屋さん

アジアの国ぐにの本屋さんでは、看板の文字にヨーロッパとのちがいを見ることができます。インドやベトナムでは本のならべかたも異なっています。一部の国では日本の本が買える本屋さんもあります。

韓国 ……………… V

韓国最大の本屋は、ソウルにある教保《きょうほ》文庫《ぶんこ》。ソウルの本店は、1970年代に開店。現在チェーン店として数店国内にもっている。本店の店内に日本書籍専門売り場があり、雑誌、文庫、新書、ベストセラーなどがそろえてあり、日本の本屋そっくりである。

本店には、多くのお客さんが訪れ、レジには行列ができるほどである。

教保文庫・本店の入り口。本店はソウルの地下鉄１号線チョンガク駅に直結している。

なんて言うの？どんな文字？

서점《ソジョム》

タイ ……………… W

アジアブックスは、バンコク市内のチェーン店として最大。英語とタイ語の本を専門にあつかっていて、日本語の本はおいていない。

アジアブックス・タイムズスクエア店。大きなウィンドウがある。

なんて言うの？どんな文字？

ร้านบายหนังสือ《ラーンカイナンスー》

教保文庫：広さ、商品量、売上とも韓国一の、韓国を代表する書店。常に多くの人で混雑している。　アジアブックス：バンコク市内に多くの店舗を展開しているチェーン店。英語の文庫本から新聞、雑誌などを幅広くあつかっている。

ジェーン・ブック・エージェンシーでは、お客さんに声をかけている書店員が多くみられる。

インド …………… X

ジェーン・ブック・エージェンシーの創業は1935年。現在、創業店はインド全域を対象としてインターネットでも本の販売をおこなっている。そのストックが２階にある倉庫に入れられている。

なんて言うの？ どんな文字？

पुस्तक《ブスタク》 की《キー》 दुकान《ドゥカーン》

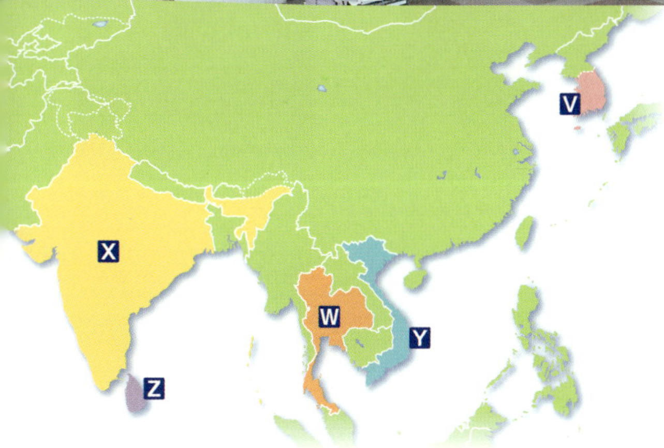

ベトナム ………… Y

首都ハノイ市内最大の本屋は、チャンティエン書店だ。ここでは、すべての本が積んであって、本を書だなにたてに差しこむ背表紙陳列はいっさいない。

チャンティエン書店は、５階だての総合大型書店である。

なんて言うの？ どんな文字？

Nhà《ニャー》 sách《サッ》

スリランカ …………………… Z

レイク・ハウス・ブックショップは、1941年創業の老舗《しにせ》書店。スリランカを代表する出版社が経営している。

レイク・ハウス・ブックショップの店の奥には、インフォメーションサービス専用のコーナーが設けられている。

なんて言うの？ どんな文字？

タミル語 புத்தகக்கடை《ポスタガッカダ》

シンハラ語 පොත්《ポット》 සාප්පුව《サーブワ》

ジェーン・ブック・エージェンシー：1935年創業。主にインドの法律やビジネス、経済などに関連する書籍をあつかう。 チャンティエン書店：ハノイの中心部であるチャンティエン通りにある書店。 レイク・ハウス・ブックショップ：コロンボにある大型書店。

紀伊國屋《きのくにや》書店の海外店舗

現在、日本で最大規模をほこる紀伊國屋書店は、日本国内のほか、日本式の本屋を海外でも展開しています。外国の人にも日本式のサービスが人気となっています。

日本から海外へ

紀伊國屋書店は、1927年（昭和2年）に東京で創立しました。北は北海道から南は鹿児島まで、現在全部で64店舗（2013年10月現在）があります。海外ではアメリカ、アジア、オーストラリアなどに出店しています。

サンフランシスコ店

ニューヨーク本店

紀伊國屋書店の海外店舗

※台湾の店舗のルビは、日本での読み方で表記した。

国際ブックフェア

世界じゅうから出版社、本屋さんなどが集まり、世界の本の取引をおこなう国際見本市が世界各国でおこなわれています。世界最大のフランクフルト・ブックフェアをはじめ、主なものを見てみましょう。

長い歴史をもつ本の見本市

「見本市」とは、現品を見本として展示し、取引の商談をして、受渡しは後日にするという市場のことです。新しく発明されたり改良されたりした機械や道具など、商品としてできあがっていない段階で取引がおこなわれます。

ドイツのフランクフルト・ブックフェアは活版印刷が発明されてまもないころ、フランクフルトで開かれた本の市がはじまりとされ、500年以上の歴史があります。

2013年の世界の主な国際ブックフェア

1月30日～ 2月 4日	第21回 台北《タイペイ》国際ブックフェア（台湾）
3月22日～ 3月25日	第33回 パリ・ブックフェア（フランス）
3月25日～ 3月28日	第50回 ボローニャ国際児童図書展（イタリア）
4月15日～ 4月17日	第42回 ロンドン国際ブックフェア（イギリス）
5月16日～ 5月20日	第26回 トリノ国際ブックフェア（イタリア）
7月 4日～ 7月 7日	第20回 東京国際ブックフェア（日本）
7月17日～ 7月23日	第24回 香港《ホンコン》ブックフェア（中国）
8月28日～ 9月 1日	第20回 北京《ペキン》国際ブックフェア（中国）
10月 9日～10月13日	第65回 フランクフルト・ブックフェア（ドイツ）

北京国際ブックフェア（中国）

東京国際ブックフェア（日本）

フランクフルト・ブックフェア（ドイツ）

ボローニャ国際児童図書展（イタリア）

フランクフルト：ドイツ中部、ヘッセン州に位置するドイツ第五の都市。正式名はフランクフルト・アム・マイン。中世からさかえ、現在では金融、工業のまちとしても知られる。毎年10月ごろに開かれるブックフェアには世界じゅうから30万人近い来場者が集まる。

調べよう！

第2章 日本の

山陽堂書店
書店
堀書店
古賀書店

本屋さん

コーヒー・紅茶・お茶・ソフトドリンク
デザート・スイーツ
トースト・ホットドッグ
フード
アルコール
大大大長編!
とっぴんぱらりの風太郎
万城目学
その時、1人対10万人。

日本の本屋さんは、いつごろできたの？

日本では、遅くとも６世紀には「本」が存在したとされています。江戸時代には、本の商売をする人が登場しました。これが本屋さんの誕生です。京都・大坂・江戸を中心に、たくさんの本屋さんがあらわれました。

暦の伝来と本の登場

かつて、「暦」が中国大陸から朝鮮半島を通って伝わってきました。暦をあらわしたもの、つまりカレンダーのことを「暦本《れきほん》」とよびました。暦がいつ日本に伝わってきたかは正確にわかっていませんが、『日本書紀』(→42ページ)に暦のことが書かれていることから、遅くとも６世紀には暦の本が日本に存在したと推測されています。

のちに、「物の本」ということばができました。これは、「宗教、学問などで、手本とするべきことが書かれた本」のことです。

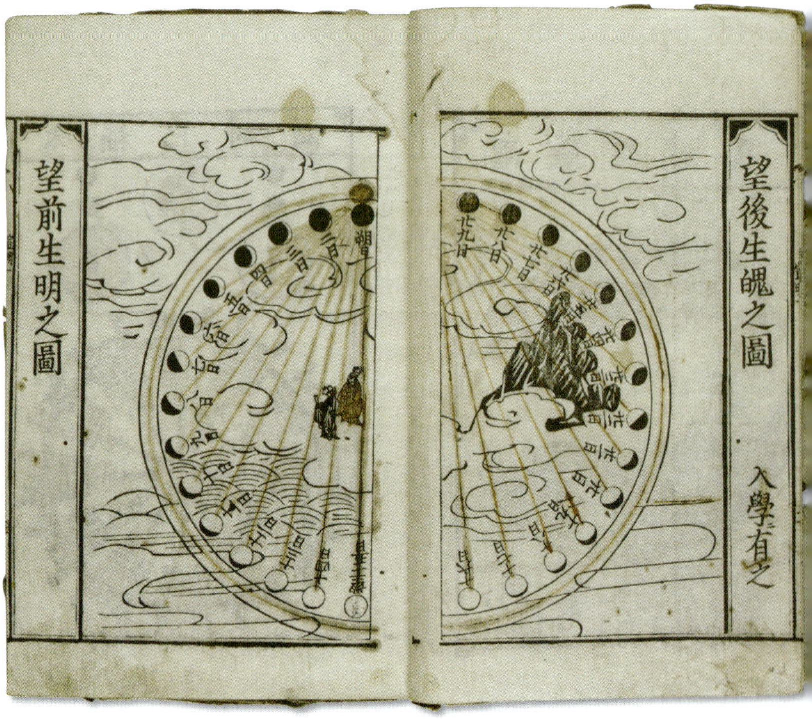

江戸時代に書かれた暦本。(『宣明暦』1644年　国立国会図書館所蔵)

江戸時代に登場した本屋さん

江戸時代になると、「物の本」を売って商いをおこなう人があらわれます。これが「本屋」のはじまりです。版木を使って木版印刷したものや、手書きの写本を販売しました。「本屋」は、本の商いをするだけではなく、本をつくる、すなわち、印刷して出版する人やお店のことを意味していました。

海外では？

英語でも「出版社」＝「本屋」だった

かつてイギリスでは、出版社のことを「ブックセラー」(bookseller) とよんでいました。これは「本屋」を意味することばです。本をつくり、販売していた日本の本屋と同じです。18 世紀になると、「出版社」を意味する「パブリッシャー」(publisher) とよぶようになります。

大坂：現在の大阪の、江戸時代以前の表記のしかた。江戸時代には京都、大坂、江戸が「三都」とよばれる日本の三大都市だった。朝廷のある京都は文化の中心、商人が集まる大坂は「天下の台所」とよばれる商業の中心、幕府のある江戸は政治の中心としてさかえた。

本屋さんについての大きな誤解

現在、本屋さんというと本を売る店のことをイメージし、本をつくる会社（出版社）とは別のものだと思う人が多くいます。ましてや印刷業は、本屋さんとちがう業種のように思われています。

分業される前

三省堂書店《さんせいどうしょてん》（→57ページ）などの明治時代からつづく本屋は、本の販売だけでなく、出版もおこなってきました。また、本の卸業者（取次→59ページ）も出版部門をもっています。さらに、大日本印刷《だいにっぽんいんさつ》や凸版印刷《とっぱんいんさつ》のような大手印刷会社も出版部門をもっていたり、出版社をグループ会社にしたりしています。

たとえば、日本最大の教科書会社である東京書籍《とうきょうしょせき》や、アンパンマンで有名なフレーベル館《かん》は、凸版印刷のグループ会社です。

凸版印刷のトッパン小石川《こいしかわ》ビル（上）と、同ビル内にある印刷博物館（下）。

大日本印刷の本社ビル（上）と、久喜《くき》工場（下）。

もっと
くわしく

出版が本屋さんの基本だった

江戸時代から昭和までの本屋について書かれた『東西書肆街考《とうざいしょしがいこう》』（岩波書店《いわなみしょてん》）に、下のことが書かれています。

本屋の意味は、厳密にいえば、印刷（彫り、摺《す》ること）も本屋の仕事であり、販売（卸売および小売）もその仕事であった。自家の出版物だけでなく、他の業者の出版物をも取り次ぎ、扱い、古書も取り扱った。要するに、今日の意味の出版業と販売とが一緒になっていたのであった。しかし江戸期はもちろん、明治期になっても、本屋の意味はそれほど変わらず出版が本屋の基本であったが、明治になると出版と印刷との分離が現われ、出版と販売、さらに新本と古本との分離が始まった。

このように日本の本屋は、みずからが出版した本だけでなく、ほかの本屋が出版した本や古本も販売するようになっていき、取次（→59ページ）の機能をも果たすようになります。

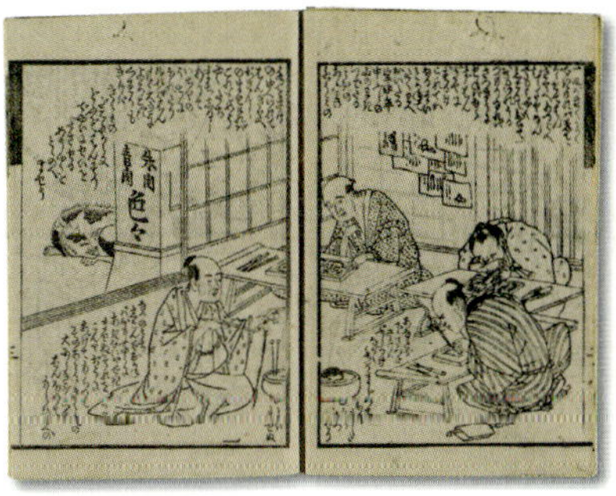

本屋で版木を彫っているところ。この板を使って本を印刷した。
（『的中地本問屋』1802年　国立国会図書館所蔵）

大日本印刷：1876年創業。東京都新宿《しんじゅく》区に本社をおく印刷会社。　凸版印刷：1900年創業。東京都千代田《ちよだ》区に本社をおく印刷会社。大日本印刷とともに日本の二大印刷会社。どちらも日本だけでなく海外へも進出し、グループ会社で出版事業や電子書籍事業なども手がけている。

日本の出版のはじまりはお寺から

鎌倉時代から室町時代にかけて、寺院による、仏教書の開版《かいはん》（出版）活動が京都と鎌倉でさかんにおこなわれます。そしてこれが、お金をかせぐ事業へと発展していきました。

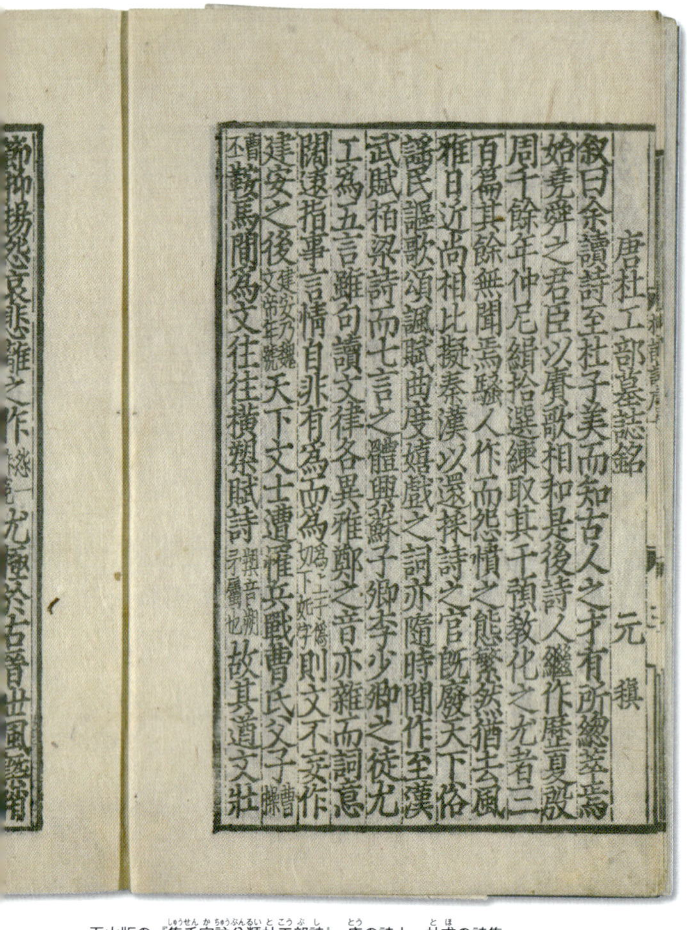

五山版の『集千家註分類杜工部詩《しゅうせんかちゅうぶんるいとこうぶし》』。唐《とう》の詩人、杜甫《とほ》の詩集。
（『集千家註分類杜工部詩』1376年　国立国会図書館所蔵）

「五山《ござん》」での出版

鎌倉時代末期から室町時代にかけて、京都と鎌倉の五山（五大寺院）では、「五山版」とよばれる仏教書の出版がさかんにおこなわれました。この出版は、版木を彫って本を印刷するもので、「開版」とよばれます。五山の僧侶たちが開版したのは、中国の宋《そう》や元《げん》の仏教書を複製したものが中心でしたが、仏教書以外に、儒書《じゅしょ》、詩文集などの開版もおこなわれました。

そのころ、中国から版木を彫る職人もさかんに来日します。五山版とともに、日本の出版技術も急速に発展していきました。

もっとくわしく

五山文学

鎌倉時代末期から室町時代にかけて、京都や鎌倉の五大寺院を中心に、僧侶によって書かれた漢文学を「五山文学」とよびます。その大多数は中国の宋・元文化の影響を受けたものでした。

五山：禅宗で、とくに格式のある五大寺院のこと。日本では鎌倉時代の1251年に鎌倉五山（建長寺《けんちょうじ》、円覚《えんがく》寺《じ》、寿福寺《じゅふくじ》、浄智寺《じょうちじ》、浄妙寺《じょうみょうじ》）が、1334年に京都五山（天龍寺《てんりゅうじ》、相国寺《しょうこくじ》、建仁寺《けんにんじ》、東福寺《とうふくじ》、万寿寺《まんじゅじ》）が定められた。鎌倉五山、京都五山の上には別格として京都の南禅寺《なんぜんじ》がおかれている。

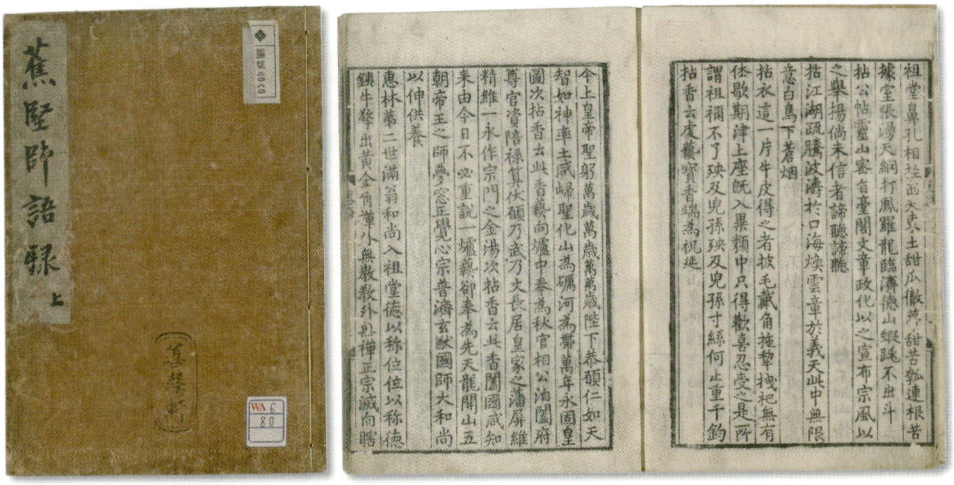

『絶海和尚語録《ぜっかいおしょうごろく》』。絶海和尚とは、五山文学の中心人物のひとりであった絶海中津《ちゅうしん》のこと。
（『日本国絶海津禅師語録』室町時代　国立国会図書館所蔵）

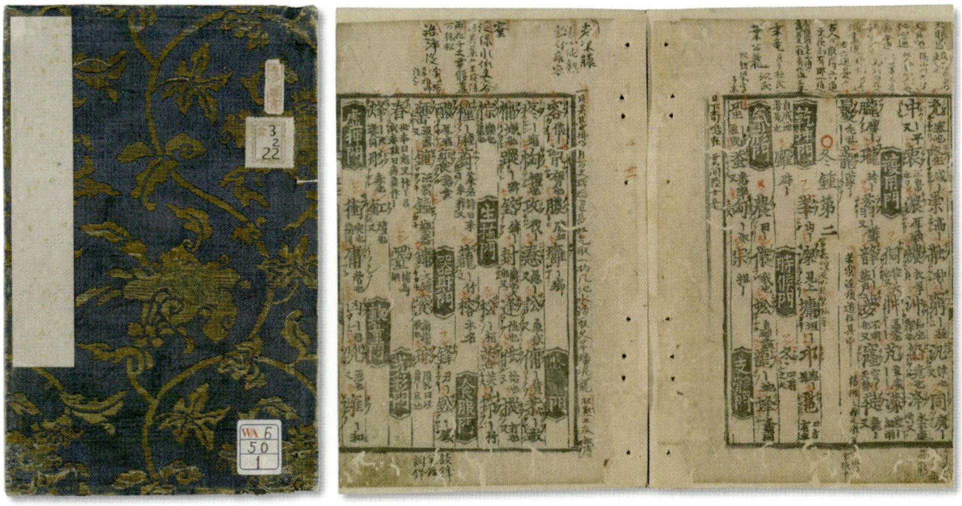

五山文学の中心人物のひとり、虎関師錬《こかんしれん》が書いた『聚分韻略《しゅうぶんいんりゃく》』。漢詩をつくる際の参考書。
（『聚分韻略』南北朝時代　国立国会図書館所蔵）

五山版の衰退期

1467年に、細川勝元《ほそかわかつもと》と山名宗全《やまなそうぜん》の対立をきっかけに京都ではじまった応仁《おうにん》の乱《らん》は、京のまちを戦乱にまきこみます。そうしたなか、寺院での開版はしだいに難しくなり、衰退していきます。

無料から有料に

寺院が開版をおこなう際に、お金のやりとりはありませんでした。ところが、江戸時代に商人が開版をおこなうようになると、営利（お金をもうける）目的の出版がさかんになりました。これこそが、現在の日本の出版社の原形だと考えられています（→46ページ）。

海外では？

中世ヨーロッパの修道院

中世のヨーロッパで、出版の中心となっていたのはキリスト教の修道院でした。写字生とよばれる人たちが、本を書き写す作業をおこない、祈《き》禱《とう》書や神学書などを出版していました。

応仁の乱：1467〜1477年。将軍足利義政《あしかがよしまさ》の跡つぎ争いを背景に、武将細川勝元、山名宗全らが対立を強め、京都を中心に続いた大規模な戦乱。戦国時代の幕開けのきっかけとなった。　祈禱書：キリスト教の祈りの際に手本とする文章を集めた本。　神学書：神学（宗教について研究する学問）に関する本。

日本の書物の歴史①

寺ではじまった日本の出版は、はじめのころは、ほとんどが仏教関係のものだといわれています。とすると、「最古の歴史書」といわれる『古事記』や『日本書紀』はどうなるのでしょう。

日本最古の書物

日本でいちばん古い本は、飛鳥《あすか》時代（592~710年）の615年に聖《しょう》徳太子《とくたいし》が書いたとされる『法華義疏《ほっけぎしょ》』だと考えられています。これは手で書かれた仏教の本で、法華経《ほけきょう》の解説書です。

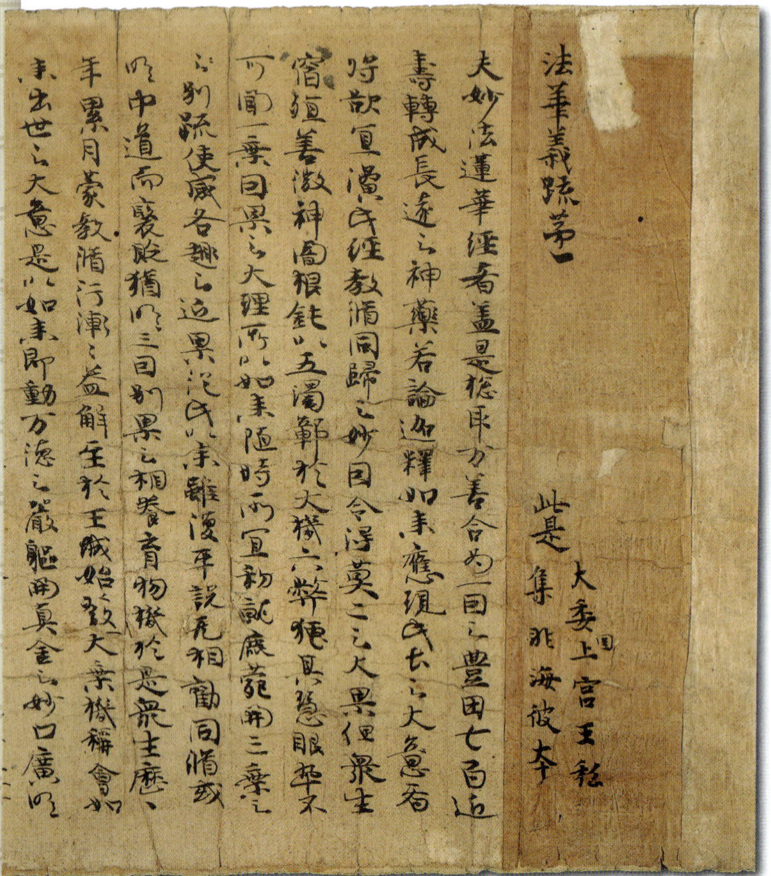

7世紀に書かれた本『法華義疏』。
（宮内庁所蔵）

『古事記』『日本書紀』はどんな書物？

『古事記』は奈良時代に書かれた最古の歴史書です。これは、推古《すいこ》天皇の時代（593~628年）までの歴史をまとめた本で、712年に完成しました。ただし、歴史といっても、日本をつくったとされる神さまたちについてしるした神話や伝説が中心です。

『日本書紀』も奈良時代に書かれたもの。持統《じとう》天皇の時代（690~697年）までをまとめた歴史書で、720年に完成。日本の最古の正史と考えられています。「正史」とは、その時代に国を治めていた王朝が公式に編纂《へんさん》した王朝の歴史書のこと。そのため、事実と異なることも書かれています。

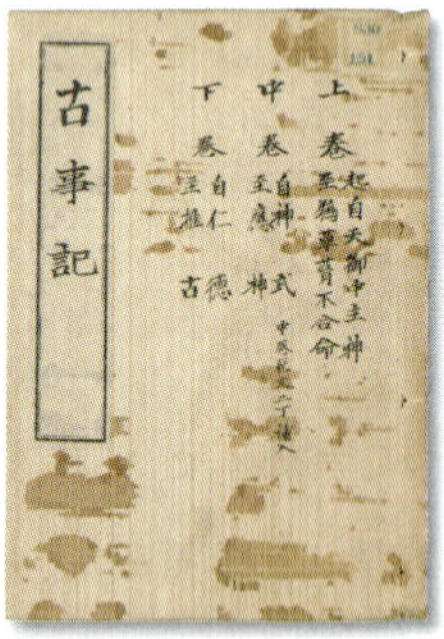

『古事記』（江戸時代の写本）。
（『古事記』1644年 国立国会図書館所蔵）

聖徳太子：574~622年。飛鳥時代の皇族。推古天皇の摂政として政治をおこない、天皇中心の国づくりを進めた。仏教を深く信仰した。　推古天皇：554~628年。日本初の女性天皇。　持統天皇：645~703年。天武天皇の皇后で、天武天皇の死後に政治をおこなった。

日本にある世界最古の印刷物

7世紀ごろに中国で発明された木版技術は、奈良時代に日本へ伝わります（→54ページ）。この時代に印刷されたもののほとんどが仏教に関するものです。日本の初期の印刷物は、仏教の信仰と切っても切りはなせませんでした。

770年に制作された『百万塔陀羅尼《ひゃくまんとうだらに》』は、亡くなった人たちの霊をなぐさめるために印刷された、陀羅尼というお経です。これは、現在のこっている制作年代の明確な印刷物として、なんと世界最古のものなのです。

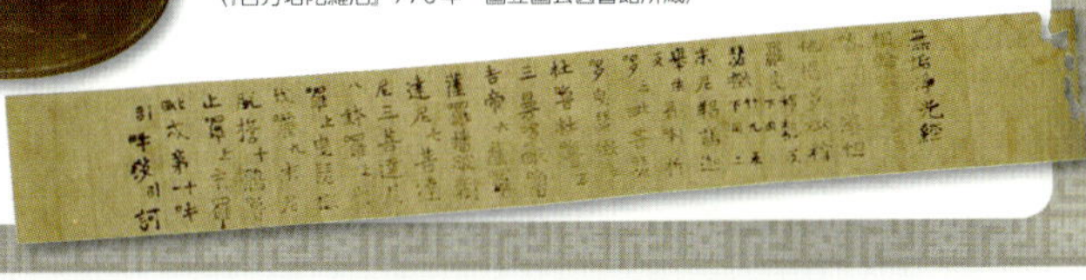

小さな塔（左）を100万個用意し、塔のなかに経文（下）を入れた。そこから「百万塔」の名がついたという。
（『百万塔陀羅尼』770年　国立国会図書館所蔵）

海外では？　書物のもつ3つの原則

そもそも書物には、つぎの３つの原則があると考えられています。

❶ コミュニケーションの道具として役立つ
❷ 文章や絵などで内容を伝える
❸ 出版され流通する

世界的に見て初期の書物には、粘土の板に文字を刻みつけて乾燥させたもの、古くはエジプトのパピルスの巻物のように紙をぐるぐるまいたもの、お経のように折りたたんだもの（折本《おりほん》）などがありました。

その後、とくに製本された書物のことを「本」と言うようになります。

なお現代では、広い意味では電子書籍やマイクロフィルムも本にふくむことがあります。

仏教とともに発達した日本の出版文化

平安時代の後期になると、興福寺《こうふくじ》（奈良県）や高野山《こうやさん》の金剛峯寺《こんごうぶじ》（和歌山県）などで、仏教に関するさまざまな書物が印刷（開版《かいはん》）されるようになりました。興福寺で出版されたものを春日版《かすがばん》とよび、高野山で出版されたものを高野版とよんでいます。こうした寺の熱心な開版活動は、鎌倉時代末期になると京都と鎌倉の「五山版」につながります（→40ページ）。

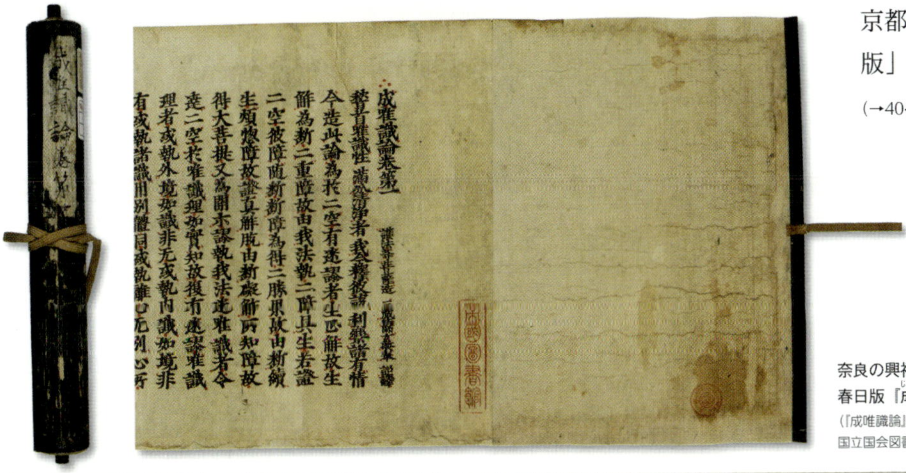

奈良の興福寺で印刷された春日版『成唯識論《じょうゆいしきろん》』。
（『成唯識論』鎌倉・南北朝時代　国立国会図書館所蔵）

マイクロフィルム：書籍や新聞・雑誌などの内容を縮小撮影するためのフィルム。長期保存が可能。　興福寺：奈良県にある寺。710年に現在地に移転されて興福寺と名づけられ、藤原氏とともに繁栄した。　金剛峯寺：和歌山県高野町《こうやちょう》にある寺。高野山真言宗の総本山で、816年に空海《くうかい》により創建された。

日本の書物の歴史②

安土桃山《あづちももやま》時代には書物の歴史においてふたつの大きなできごとがありました。ひとつは、イエズス会の宣教師が金属活字をもちこんだこと。もうひとつは、豊臣秀吉《とよとみひでよし》が朝鮮出兵で金属活字をもちかえったことです。

宣教師がもたらした印刷機

安土桃山時代の1590年、イエズス会宣教師ヴァリニャーノらの天正遣欧使節《てんしょうけんおうしせつ》が、ヨーロッパから活版印刷機をもちこみました。これが、金属活字を使った日本での印刷（活版印刷）のはじまりです。16世紀末から17世紀はじめにかけてイエズス会によって出版された本のことを、「キリシタン版」とよびます。宗教書や、日本語を学ぶ本などが宣教師によってつくられました。

宣教師たちが日本にはこんできた活版印刷機（複製）。
(天草コレジヨ館所蔵)

豊臣秀吉：1537〜1598年。日本の武将。1590年に天下統一を達成した。　イエズス会：1534年に設立されたキリスト教の教団。海外布教に力を入れ、日本でも活動をおこなった。　天正遣欧使節：1582年、ヴァリニャーノのすすめにより、九州のキリシタン大名がローマ教皇のもとに派遣した日本人少年の使節団。

豊臣秀吉がもちかえった金属活字

豊臣秀吉は、1592年に朝鮮へ出兵。その際、金属活字や印刷器具をもちかえりました。翌年の1593年、さっそくその金属活字を使って『古文孝《こぶんこう》経《きょう》』を発行します。

当時の天皇、後陽成《ごようぜい》天皇はすっかり活版印刷が気にいり、その後も数多くの印刷をおこなったといわれています。慶長《けいちょう》期（1596~1614年）に後陽成天皇の命令で印刷された本は「慶長勅版《けいちょうちょくはん》」とよばれます。ただし、朝鮮からもちかえった金属活字を用いた本は少なく、実際には、木の活字で印刷したものがほとんどでした。なぜなら、金属活字を新しくつくるのには莫大な費用と時間が必要だったからです。

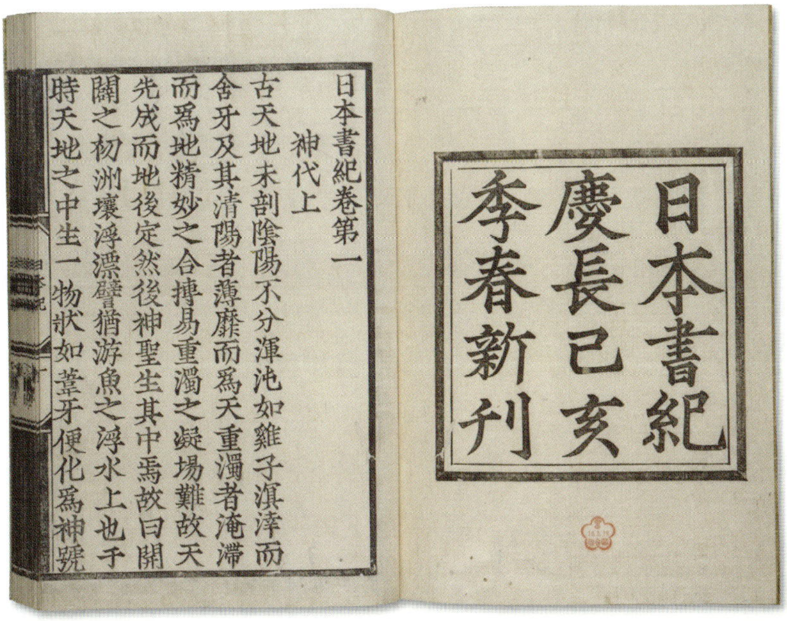
日本書紀
慶長己亥
季春新刊

日本書紀巻第一
神代上
古天地未剖陰陽不分渾沌如雞子溟涬而
含牙及其清陽者薄靡而爲天重濁者淹滞
而爲地精妙之合摶易重濁之凝場難故天
先成而地後定然後神聖生其中焉故曰開
闢之初洲壤浮漂譬猶游魚之浮水上也于
時天地之中生一物狀如葦牙便化爲神號

木の活字で印刷された慶長勅版の『日本書紀』。
（『日本書紀』1599年　国立国会図書館所蔵）

もっとくわしく　キリシタン禁教令の影響

西洋の印刷術が日本に伝わったにもかかわらず、その後、江戸幕府が出したキリシタン禁教令（1612年と1613年）によって、宣教師たちは国外に追放されてしまいます。このとき、金属活字や活版印刷機も国外にもちだされ、キリシタン版の出版は途絶えてしまいました。

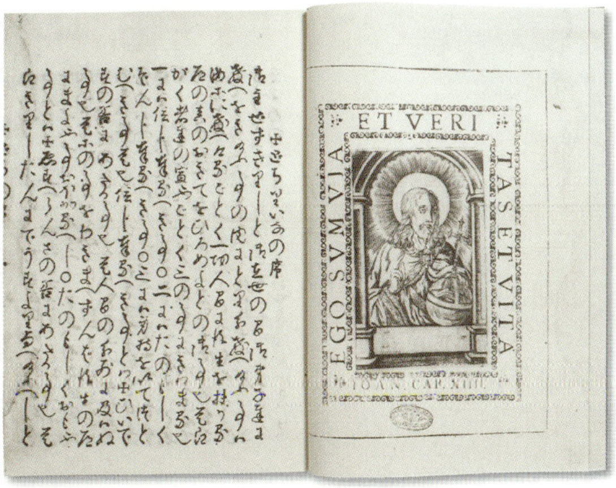

キリシタン版のひとつ『どちりいな・きりしたん』。手書きのように見えるが、すべて活字を使って印刷したもの。

『古文孝経』：孝経は、中国から日本に伝わった儒教の経典のひとつ。中国の漢の時代の書式で書かれたものを「今文孝経」、古い文字のものを「古文孝経」とよぶ。1593年に発行されたものは、印刷によるはじめての古文孝経とされる。　後陽成天皇：1571～1617年。安土桃山時代から江戸時代初期にかけて在位した。

京都の本屋、法蔵館《ほうぞうかん》で印刷に用いていた版木。

日本の出版文化は京都から

初期の出版文化の中心地は、なんといっても京都です。京都は、日本の出版文化の原点となりました。それは、ひとつには寺がたくさんあったからです。やがて京都でつくられた本を大坂や江戸へもっていく本屋さんがあらわれます。

江戸時代の京都の本屋。１階が本屋で、２階が寺子屋。
（『都鄙絵巻』17世紀　興福院所蔵　奈良国立博物館提供）

本屋新七《ほんやしんしち》にはじまる

商人としてはじめて出版をおこなったのは、京都の本屋新七という人です。彼は、江戸時代初期の1609年に『古文真宝《こぶんしんぽう》』という本を出版しました。「本屋」と名のったのは、新七がはじめてだといわれています。

これにつづき、多くの本屋が京都に開業します。出版された本の数もどんどん増えていきます。こうして京都で日本の出版文化が花開いたのです。当時の本屋では、仏教書や漢文の本など、教養を身につける「物の本」（→38ページ）の商いをおこなっていました。

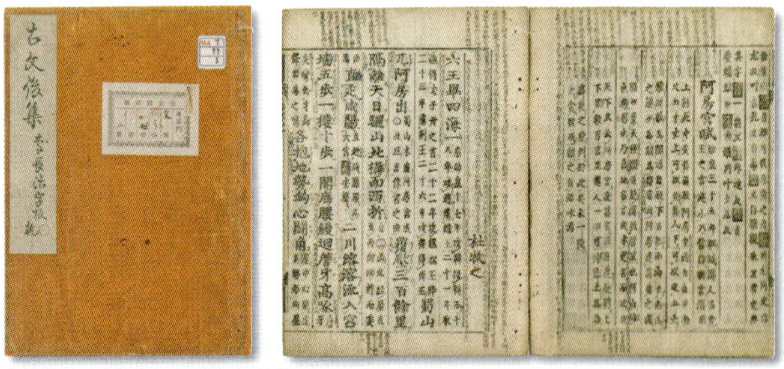

本屋新七が出版した『古文真宝』。（『魁本大字諸儒箋解古文眞寶』1609年　国立国会図書館所蔵）

本屋新七：生没年は不詳。日本ではじめての商業出版をはじめた人物と伝えられている。　『古文真宝』：中国の詩や文を集めた本。前集10巻、後集10巻からなり、漢《かん》、宋《そう》時代の作品を分類しておさめている。日本には室町《むろまち》時代に伝わり、江戸時代にかけて教材として広く読まれた。

江戸時代からつづく京都の本屋さん

京都には、現在でも仏教に関連した本を販売する古い本屋がいくつもあります。

現存する本屋のうち、日本最古の本屋は、江戸時代のはじめごろにできた永《なが》田《た》文昌堂《ぶんしょうどう》です。17世紀のはじめごろから、主に仏教書の商いをおこなっています。また、法蔵館《ほうぞうかん》や平楽寺書店《へいらくじしょてん》も、江戸時代から営業をつづけている仏教書専門の本屋です。

永田文昌堂

日本最古の本屋、永田文昌堂（左）と、出版している仏教書（右）。

法蔵館

法蔵館の明治時代の社屋（上）と、出版している仏教書（下）。

平楽寺書店

平楽寺書店の現在の社屋は、1927年（昭和2年）にたてた美しい洋館。

法蔵館の版木の保管室。

永田文昌堂：京都市下京《しもぎょう》区。浄土真宗の仏教書を中心に出版している。　法蔵館：京都市下京区。浄土真宗の仏教書を中心に出版する。現在の社屋には、仏教書を販売する書店も併設。　平楽寺書店：京都市中京《なかぎょう》区。武士であった村上浄徳《むらかみじょうとく》が京都で書籍商をおこなったのがはじまりとされる。

江戸のまちの本屋さん

名古屋にあった本屋「永楽屋《えいらくや》」のようすを再現したもの（名古屋城天守閣）。名古屋は江戸・京都・大坂についで出版がさかんだった。

徳川《とくがわ》幕府は学問を奨励し、文化を育てることを重んじました。これにより、本屋さんの発展や出版点数の増加にもつながりました。本の出版が増えるということは、本屋さんの数も増えることを意味しました。

出版に力を入れた徳川家康《いえやす》

江戸幕府をひらいた徳川家康は、武力によって治めるのではなく、学問や制度を充実させて統治しようとしました。1607年に駿府《すんぷ》に退くと、朝鮮の金属活字を参考にして活字をつくらせ、『大蔵一覧集《だいぞういちらんしゅう》』や『群書治要《ぐんしょちよう》』を出版しました。これらを「駿河版《するがばん》」といいます。

徳川家康がつくらせた金属活字。
（『駿河版銅活字』凸版印刷株式会社　印刷博物館所蔵）

寺子屋の役割

江戸時代には、寺子屋が広まり、庶民も読み書きを教わるようになります。その結果、多くの人が文字を読めるようになり、本の需要が高まります。５代将軍・徳川綱吉《つなよし》が治めた元禄《げんろく》期（1688～1704年）のころには出版ブームが起こり、木版印刷で大量に本が出版されました。

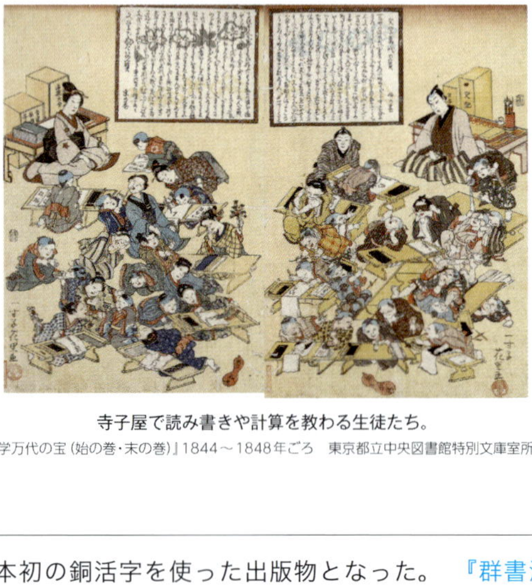

寺子屋で読み書きや計算を教わる生徒たち。
（『文学万代の宝（始の巻・末の巻）』1844～1848年ごろ　東京都立中央図書館特別文庫室所蔵）

駿府：現在の静岡市の、江戸時代以前のよび名。『大蔵一覧集』：仏教の経典をすべて集めた「大蔵経」から文を抜粋し、まとめた本。駿河版は1615年に完成し、日本初の銅活字を使った出版物となった。『群書治要』：中国の唐の時代につくられた政治の参考書。駿河版は1616年に完成した。

出版の中心は京都から江戸へ

徳川綱吉《つなよし》が治めた元禄《げんろく》期（1688～1704年）のころには、本屋の数が400軒ほどで、そのうちおよそ９割が京都にあったといわれています。大坂でも、力のある本屋が活躍していました。しかし江戸時代の中期以降は、江戸の本屋がしだいに勢力を強め、出版文化の中心は江戸にうつっていきました。

江戸の本屋の勢いをつけたのは、須原屋茂兵衛《すはらやもへえ》という人だといわれています。茂兵衛は、日本橋《にほんばし》に店をかまえ、のれんわけをくりかえして店舗を増やしていき、江戸最大の本屋として繁盛します。また、同じく江戸で大活躍した蔦屋《つたや》重三郎《じゅうざぶろう》は、当時の人気作家だった山東京伝《さんとうきょうでん》などの本や、画家の喜多川歌麿《きたがわうたまろ》、東洲斎写楽《とうしゅうさいしゃらく》などの浮世絵《うきよえ》（→53ページ）を出版し、大流行させました。

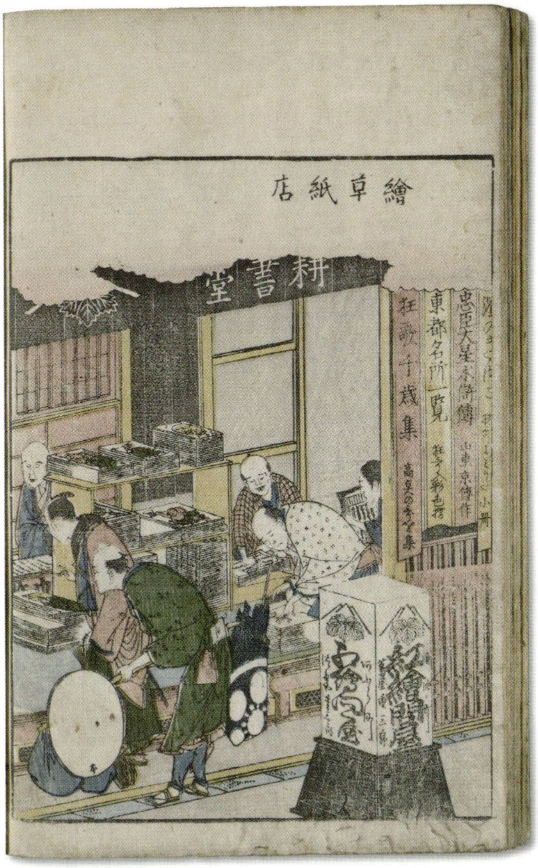

多くの人でにぎわう蔦屋重三郎の本屋「耕書堂《こうしょどう》」の店先。浮世絵師の葛飾北斎《かつしかほくさい》がえがいたもの。
（『画本東都遊』1802年　国立国会図書館所蔵）

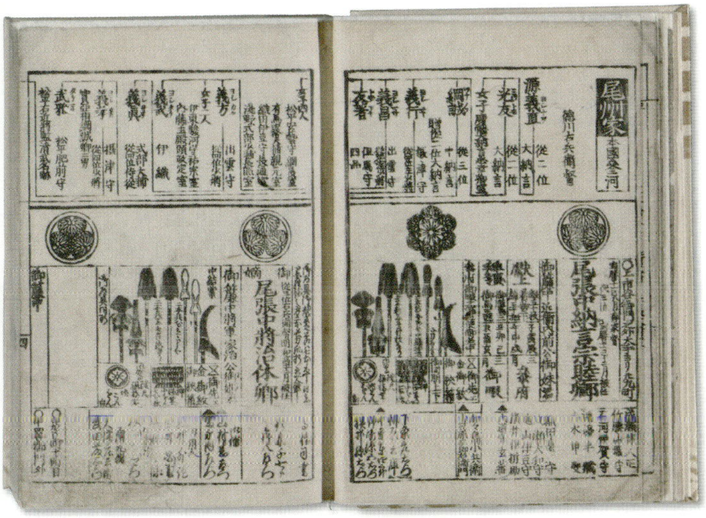

須原屋茂兵衛の出版した『明和武鑑《めいわぶかん》』。大名や役人の名簿のようなもの。
（『明和武鑑』1771年　国立国会図書館所蔵）

もっとくわしく

「TSU《ツ》TA《タ》YA《ヤ》」の由来

本の販売やDVD・CDのレンタルで全国に店舗がある「TSUTAYA」の名前は、江戸時代の「蔦屋重三郎」と関係があるといいます。蔦屋重三郎は、今でいう「本」や「DVD」にあたるともいえる、当時の文化や娯楽であった「写本《しゃほん》（書き写した本）」や「浮世絵」を広く江戸の世に広めました。このように、現代で多くの人に映画や音楽や本などを届ける役割を担いたい、という気持ちをこめてTSUTAYAと名づけたといわれています。

須原屋茂兵衛：生没年は不詳。江戸時代に開業したのち、茂兵衛家は明治時代まで９代にわたってつづく本屋となった。公的な出版物を多く出版したといわれる。

蔦屋重三郎：1750～1797年。浮世絵の出版などで知られ、須原屋茂兵衛とともに江戸の出版を支える人物となった。

庶民に読書を広めた貸本屋さん

江戸時代も後半になると本屋さんがどんどん増え、本が庶民にとってますます身近なものとなります。しかし本は値段が高くて、庶民にはなかなか手に入りません。そんな庶民の味方が、貸本屋でした。

当時の貸本屋の仕組み

19世紀に入るころ、江戸には650軒もの貸本屋があったといわれています。

当時の貸本屋は、本屋から本を仕入れ、常連の客の家をまわって本を貸しだしました。一軒の貸本屋にはだいたい100人以上の常連客がいたと推測されています。すなわち、当時、貸本屋で本を借りて読んでいた人の数は、約７万人にもなります。当時の江戸の人口が約100万人だったので、その割合は、とても大きかったと考えられています。

本を借りる人は、「見料《けんりょう》」（料金）をはらいます。料金は、本の値段の約６分の１です。貸本屋の本は、主に民衆むけに平仮名で書かれた娯楽的な読み物が多かったと見られています。貸し出し時期は３日～7日以内などのように決められていました。

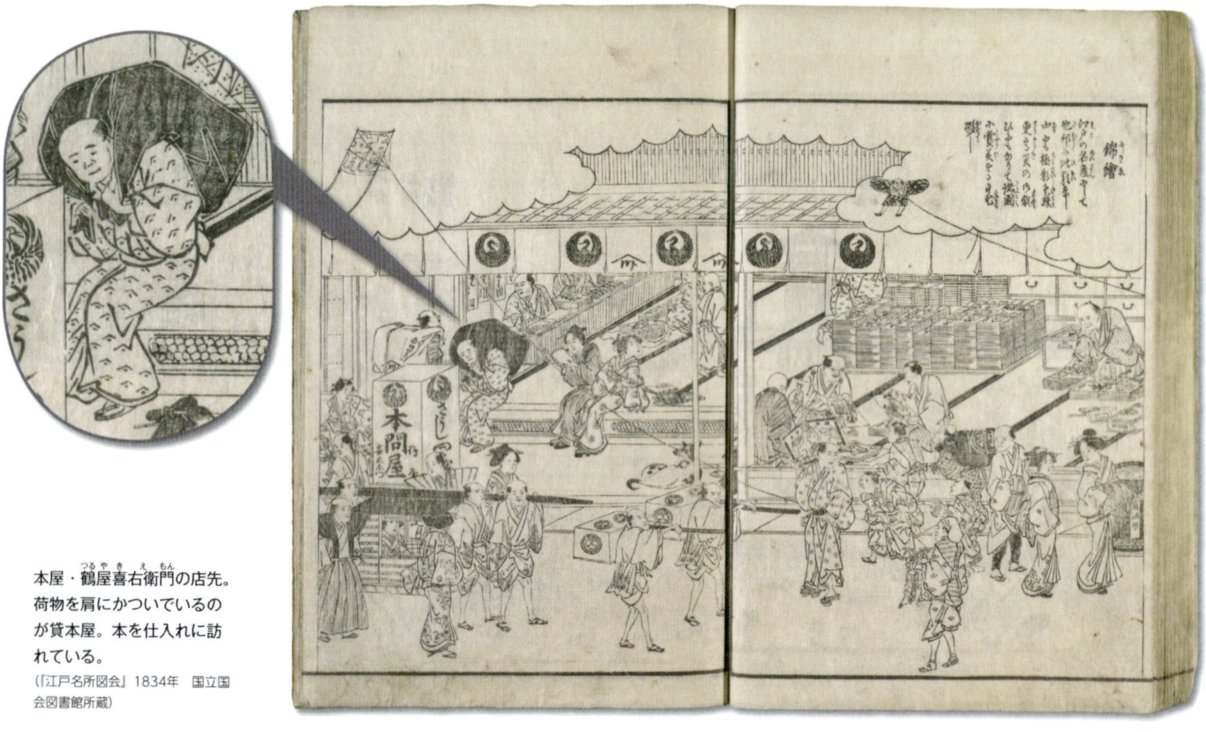

本屋・鶴《つる》屋《や》喜《き》右《え》衛門《もん》の店先。荷物を肩にかついでいるのが貸本屋。本を仕入れに訪れている。

（『江戸名所図会』1834年　国立国会図書館所蔵）

貸本屋：江戸時代に生まれ、庶民の娯楽の場となった。第二次世界大戦後にはマンガや雑誌の貸本が流行したが、図書館の充実や娯楽の多様化、雑誌の低価格化などにより、現在ではほとんど見られなくなっている。

貸本屋から出版社になった吉川弘文館《よしかわこうぶんかん》

江戸末期の1857年に吉川半七《よしかわはんしち》が江戸ではじめた吉川弘文館は、現存する出版社のなかでも長い歴史を誇る会社のひとつ。創業当初は本の仲介業をおこなっていたが、1863年、貸本屋のあとを継ぎ、江戸と京都・大坂のあいだを行き来して、積極的に本を買いつけた。明治になって文明開化を迎えると、海外の文化について学びたいという客の要望にこたえ、研究書から西洋の翻訳書まで豊富に本をそろえる。1877年（明治10年）ごろから出版もおこなうようになり、貸本屋をやめて出版業に専念した。

吉川弘文館の創業者、吉川半七。

出版にきびしい改革

庶民が読書を楽しむようになるにつれ、しだいに幕府による出版のとりしまりがきびしくなっていきました。1787年、老中《ろうじゅう》松平定信《まつだいらさだのぶ》が「寛政《かんせい》の改革」をおこない、また、1841年には老中水野忠邦《みずのただくに》が「天保《てんぽう》の改革」をおこないます。これらは幕府の政治・経済改革であるとされましたが、江戸の出版文化に大きな影響があらわれました。

倹約・風俗粛正が命じられ、本はぜいたく品とみなされ、本の売り買いがしにくくなります。また、貸本屋は、社会にとってよくないものと考えられるようになります。そんななか、風紀を乱す本を出版したという理由で、本屋の蔦屋重三郎《つたやじゅうざぶろう》や作者の山東京伝《さんとうきょうでん》、為永春水《ためながしゅんすい》や柳亭種彦《りゅうていたねひこ》などが罰せられました。

自転車でまちをまわる貸本屋（1952年）。江戸時代から昭和時代の中ごろ（1950年代ごろ）まで、貸本屋の人気はつづいた。
（毎日新聞社提供）

海外では？　イギリスの貸本屋

イギリスでもちょうど日本と同じころ、18世紀から19世紀にかけて、貸本屋が国内に普及します。本の借り手は主に中流階級の女性たちだったといいます。気軽に楽しみながら読めるロマンス小説が人気でした。

吉川弘文館：東京都文京《ぶんきょう》区の出版社。現在は日本史を中心とする人文図書の出版をおこなっている。　松平定信：1758〜1829年。11代将軍徳川家斉《とくがわいえなり》のもと、財政復興をめざして寛政の改革をおこなった。　水野忠邦：1794〜1851年。12代将軍徳川家慶《いえよし》のもと、幕府の強化をめざした天保の改革をおこなった。

日本の書物の歴史③

江戸時代には、町人の生活をえがいたさまざまな本が出版されます。木版技術が発達し、流通の仕組みもつくられ、日本の出版文化は大きく発展していきます。

仮名草子《かなぞうし》・浮世《うきよ》草子

江戸時代に入ると、仮名草子が出版されるようになります。「仮名草子」とは、平仮名または平仮名まじりの文で書かれた小説のことです。その後、仮名草子は浮世草子へと発展します。「浮世」とは世の中のことで、町人の日常生活を描写した井原《いはら》西鶴《さいかく》の『好色一代男《こうしょくいちだいおとこ》』(1682年)は、大坂を中心に流行しました。

江戸時代にはじまった翻訳

西洋文学がはじめて日本語に翻訳されたのは、江戸時代直前の1593年のこと。イエズス会宣教師が日本語を勉強するために、『イソップ物語』をラテン語から訳して、日本語ローマ字で表記した『エソポのハブラス』が出版されました。その後、江戸時代初期に『伊曽保物語《いそほものがたり》』という題名で日本語のものが広まりました。「エソポ」も「いそほ」も作者の「イソップ」のことをさします。

また、『解体新書《かいたいしんしょ》』(1774年)は、この時代にオランダ語から翻訳された医学書です。これは、西洋の医学書が日本語に訳されたはじめての翻訳書となりました。

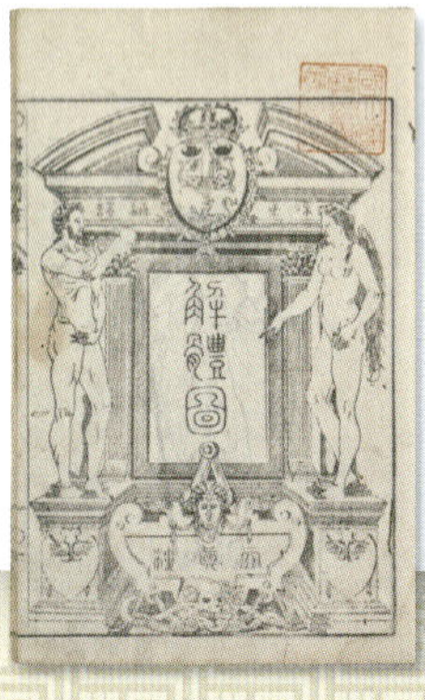

杉田玄白《すぎたげんぱく》や前野良沢《まえのりょうたく》らが翻訳した『解体新書』。
(『解体新書』1774年　国立国会図書館所蔵)

洒落《しゃれ》本・滑稽《こっけい》本・人情本

江戸時代の中期から後期にかけて、江戸では、「洒落本」「滑稽本」「人情本」など、町人の生活をえがいた作品が多く出版されました。なかでも十返《じっぺん》舎一九《しゃいっく》の『東海道中膝栗毛《とうかいどうちゅうひざくりげ》』は、とくに有名です。

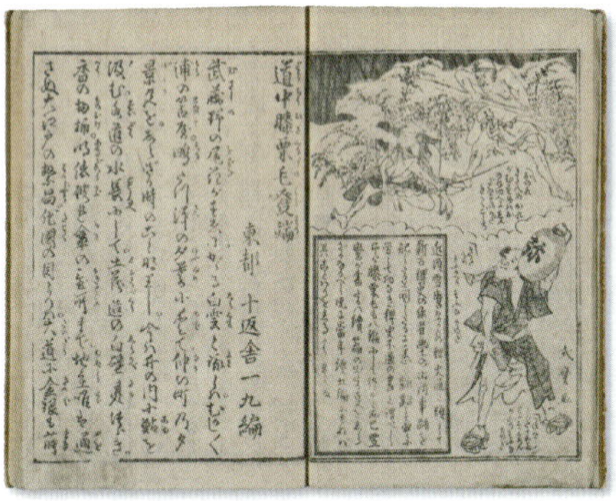

江戸時代後期に書かれた『東海道中膝栗毛』。
(『道中膝栗毛』1802～1822年　国立国会図書館所蔵)

もっとくわしく　江戸時代から読まれてきた『イソップ物語』

『イソップ物語』は動物などを主人公にして、生き方や道徳を教える内容です。「アリとキリギリス」「ウサギとカメ」「北風と太陽」など、多くが知られています。イソップ物語が日本に広まったのは、江戸時代のこと。さらに明治時代には小学校の教科書にも掲載され、日本じゅうの子どもたちに知られるようになりました。

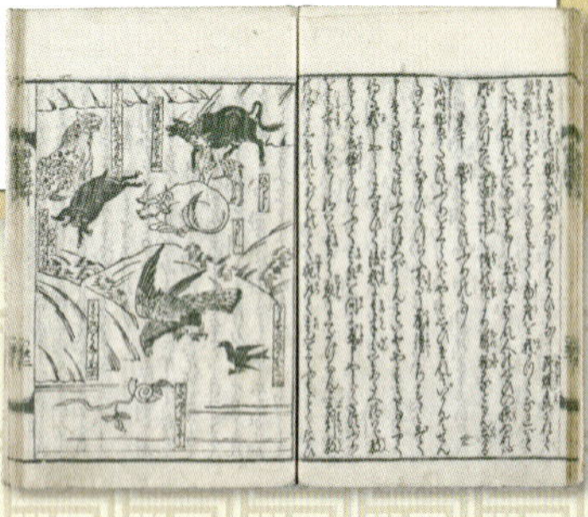

江戸時代に出版された『伊曽保物語』(イソップ物語)。
(『伊曽保物語』1659年　国立国会図書館所蔵)

井原西鶴：1642～1693年。江戸時代の作家。浮世草子の生みの親といわれ、娯楽的な作品を多くのこした。
『イソップ物語』：紀元前にギリシャのイソップ（アイソーポス）によってつくられたとされる。
十返舎一九：1765～1831年。江戸時代後期の戯作者《げさくしゃ》。『東海道中膝栗毛』によって流行作家となった。

本屋さんで売られた浮世絵

「浮世絵」は、世俗を主題とした絵のこと。浮世絵の代表的なモチーフに芝居や大相撲などがあり、美人画や役者や力士の絵が人気でした。

当時の浮世絵は、庶民の買える値段のもので、芸術作品とは見なされていませんでした。ところが、明治時代に入ると、1880年代にヨーロッパで「ジャポニズム」が高まります。これは「日本ブーム」のこと。ヨーロッパでは浮世絵が芸術作品として高く評価されました。ゴッホが歌川広重《うたがわひろしげ》の浮世絵に影響されたことは世界的に有名です。そのため、それ以前はただ同然だった浮世絵が、どんどん海外に流出していきます。

浮世絵はふつう版元が絵師に注文すると、絵師が下絵をえがき、彫師が版木を彫り、摺師《すりし》が紙に刷《す》るという流れでつくられます。浮世絵の人気が高まるなか、多くの本屋が浮世絵の版元になりました。鶴屋《つるや》喜右衛門《きえもん》は、その代表的な存在です（→50ページ写真）。蔦屋重三郎《つたやじゅうざぶろう》（→49ページ）も版元のひとりで、喜多川歌麿《きたがわうたまろ》や東洲斎写楽《とうしゅうさいしゃらく》の浮世絵を出版しました。

歌川広重のえがいた『東海道五十三次《とうかいどうごじゅうさんつぎ》』。
（『東海道五拾三次　庄野・白雨』国立国会図書館所蔵）

江戸のまちで読まれた「かわら版」

江戸時代にも、今の新聞と同じような情報紙が登場し、「かわら版」とよばれました。明治時代に新聞が発行されるまで、かわら版は、庶民の身近な情報源として親しまれていました。天変地異や火事、仇討《あだう》ち、心中などの事件が起こると、かわら版が大量に刷られ、速報として街頭で売られます。かわら版売りは、記事をおもしろおかしく「読」んで聞かせながら「売」り歩いていたので、「読売《よみうり》」ともよばれていました。

1615年の「大坂夏の陣」についてえがかれた木版刷りの「大坂《おおさか》安《あ》部《べ》之《の》合戦《かっせん》之《の》図《ず》」は、現存する最古のかわら版です。

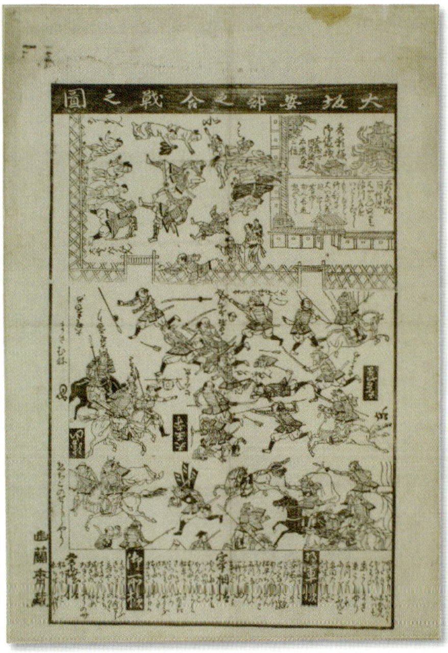

「大坂安部之合戦之図」。このかわら版は、のちの時代に印刷されたと見られている。（早稲田大学図書館所蔵）

もっとくわしく　「大坂夏の陣」を伝えるかわら版

「大坂安部之合戦之図」は、1615年に起きた大坂夏の陣について、徳川《とくがわ》軍（東軍）と豊臣《とよとみ》軍（西軍）の合戦のようすをくわしくえがいたものです。上の段には炎に包まれて焼けおちる大坂城、中の段には東軍と西軍の合戦の様子、下の段には東軍の徳川家康《いえやす》や秀忠《ひでただ》らの様子がえがかれています（右）。

ゴッホ：1853～1890年。オランダの画家。日本の浮世絵の影響を受けて多くの作品をのこし、死後、後期印象派を代表する画家のひとりとして高く評価される。代表作に『ひまわり』『星月夜』など。　歌川広重：1797～1858年。江戸時代の浮世絵師。代表作として『東海道五十三次』など風景画を多くえがいた。

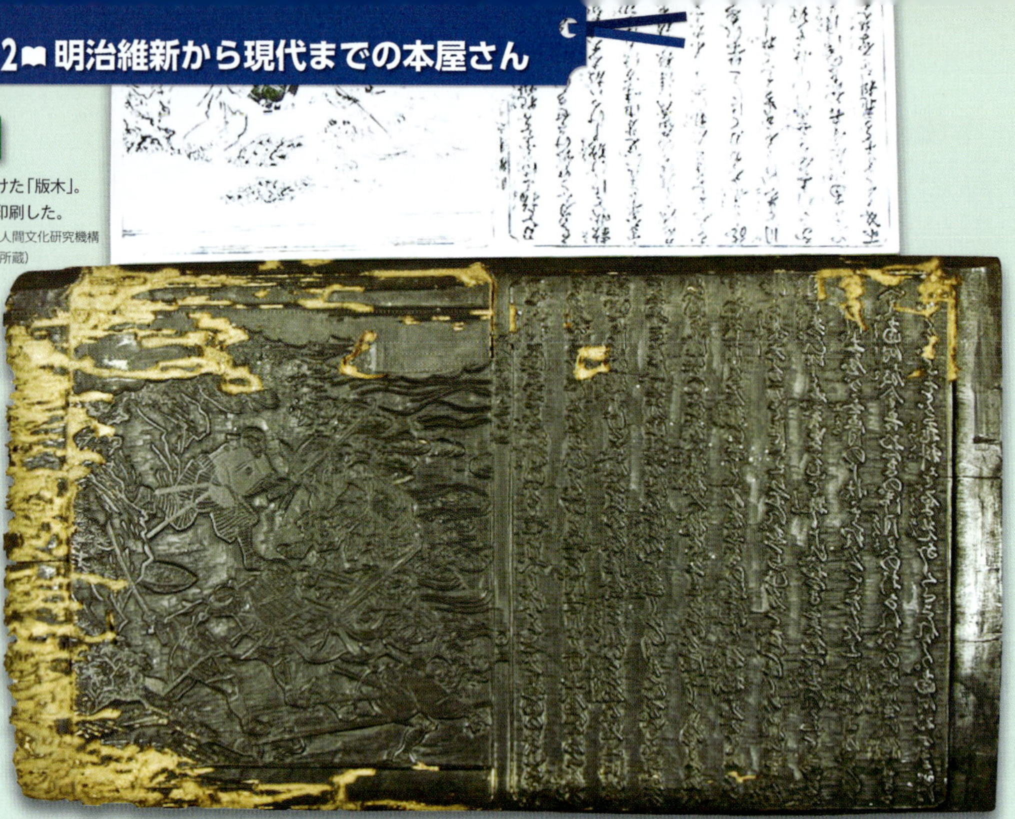

木版印刷

文字を彫りつけた「版木」。これを使って印刷した。
(『武徳鎌倉旧記』人間文化研究機構国文学研究資料館所蔵)

文明開化と印刷技術

イエズス会宣教師や朝鮮出兵により日本に入ってきた金属活字を使った活版印刷(→44ページ)は、当初の日本にはなじみませんでした。ところが、幕末になると、オランダから画期的な技術が導入されます。

木版印刷と活版印刷

日本にはじめて印刷技術が伝わったのは、奈良時代のこと。このとき伝わった中国の木版印刷は、木の板に文字を彫った版木を使って印刷する方法です。これに対し、キリシタン版や駿《する》河《が》版《ばん》などの活版印刷は、活字を組みあわせて「版」をつくり、それを使って印刷する方法でした。しかし、活字をつくるのにはお金も手間もかかるため、活版印刷は日本になかなか根づきませんでした。明治時代までに出版された本のほとんどが、木版を使って印刷されました。

活版印刷

金属活字。これを組みあわせて印刷した。(本の学校博物室所蔵)

幕末：江戸幕府の末期のこと。一般にはペリー率いる黒船が来航した1853年から、大政奉還を経て戊《ぼ》辰《しん》戦争の終結した1869年ごろをさす。

日本の出版文化の発展に貢献した「活版印刷」

長崎の本木昌造《もときしょうぞう》はオランダ語の通訳でしたが、西洋の技術に関心をもち、印刷や活字の製造を研究するようになります。江戸末期の1848年に、オランダから活字と活版印刷機を購入。1859年、商人のための英会話表現集『和英商《わえいしょう》賈対話集《こたいわしゅう》』を出版しました。これは活字と木版とを組みあわせて印刷したもの。翌年の1860年につくった『蕃語小引《ばんごしょういん》』は、すべて活字で印刷しました。

明治時代に入ると、本木昌造はさらに研究をかさねます。アメリカ人のウィリアム・ガンブルから1869年（明治２年）に金属活字をつくる方法を学び、翌年の1870年(明治３年)、長崎に新町《しんまち》活版所《かっぱんじょ》を設立。金属活字を使って印刷する商売をはじめ、大阪、東京、横浜にも支所を設けました。この年に横浜で創刊された日本初の日刊新聞『横浜毎日新聞《よこはままいにちしんぶん》』の印刷にも協力しました。

福沢諭吉《ふくざわゆきち》も、活版印刷で『学問《がくもん》のすゝ《す》め』の初版を出版しています。こうして明治時代の中ごろには、いよいよ金属活字での出版が本格的に定着していきました。

「日本の活版印刷の父」とよばれる本木昌造。(鎮西大社諏訪神社所蔵)

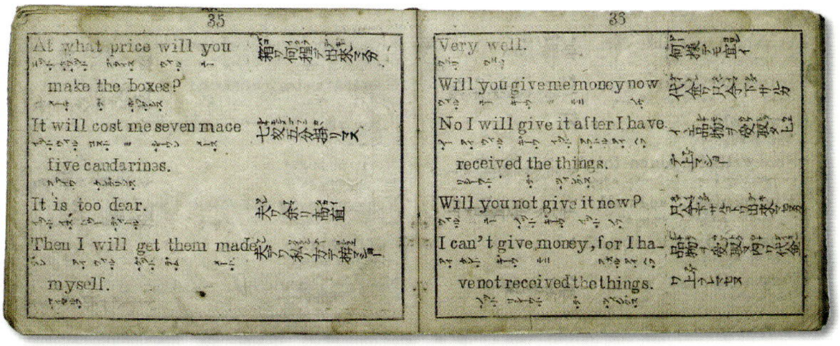

本木昌造が印刷した『和英商賈対話集』。(大阪府立大学学術情報センター図書館所蔵)

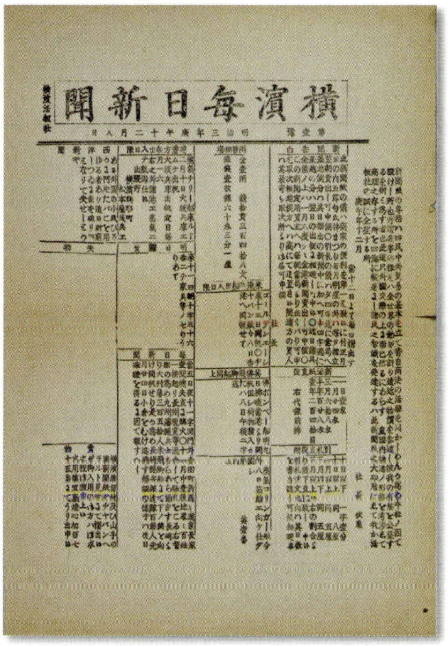

活版印刷による『横浜毎日新聞』第１号。(国立国会図書館所蔵)

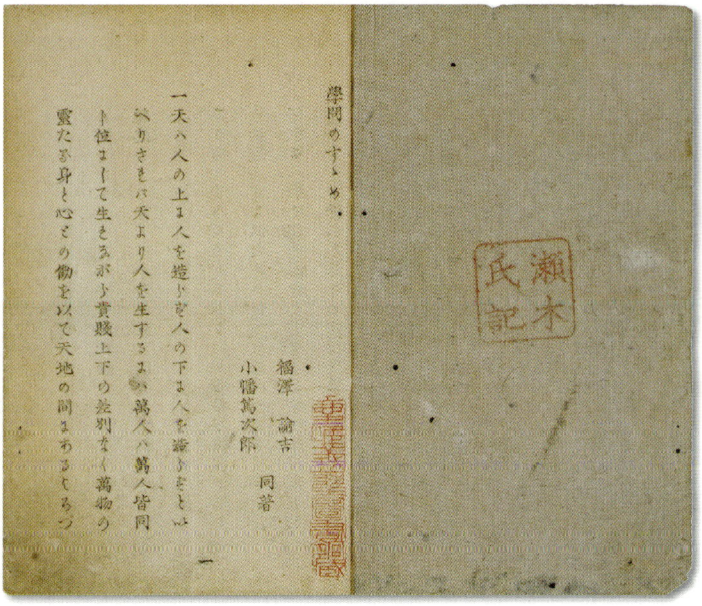

福沢諭吉の『学問のすゝめ』も、初版は活版印刷。(『學問のすゝめ』初編　1872年　慶應義塾図書館所蔵)

本木昌造：1824〜1875年。日本の活版印刷の創始者とされる。　『蕃語小引』：「蕃語」とはオランダ語など異国の言葉、「小引」とは短い文のこと。　ウィリアム・ガンブル：生没年は不詳。中国に設立された「アメリカ長老会印刷所（美華書館）」の技術者で、日本に印刷技術を伝えるためまねかれた。

明治・大正時代の本屋さん

明治の本屋さんは、当時の人びとの気持ちにこたえるような本をたくさんそろえ、日本の文明開化に大きく貢献します。明治時代に創業した本屋さんのなかには、今でも営業をつづけて活躍している店がいくつもあります。

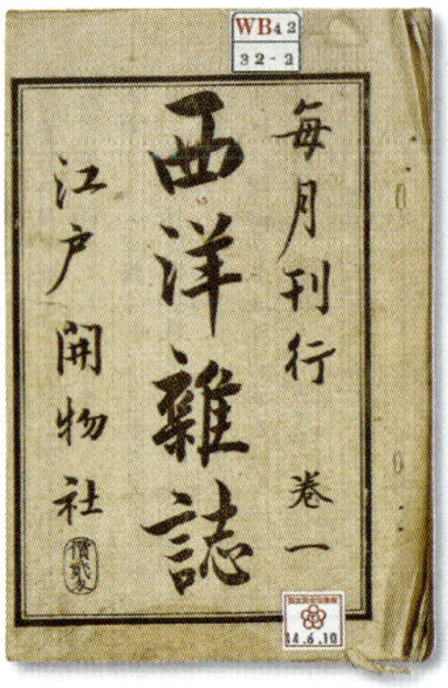

1867年に柳河春三《やながわしゅんさん》が創刊した、日本最初の本格的な雑誌。
（『西洋雑誌』巻1 1867年 国立国会図書館所蔵）

文明開化とともに

明治時代には「文明開化」の流れにのって勉強したい、知識を吸収したいという人がますます増えていきます。義務教育がはじまり、国民の学習意欲はどんどん高まっていきます。そうしたなかで、本屋の役割も大きくなっていきます。

1867年（明治維新の前年）に『西洋雑誌《せいようざっし》』が創刊されたのを皮切りに、政治の雑誌や教養誌が創刊されていきます。

丸善《まるぜん》の創業者の早矢仕有的《はやしゆうてき》は、「儲けることばかりを考えるのでなく、文明開化の促進、富国救民を目標にする」ことを志したといいます。知識欲旺盛の当時の日本人にむけて書籍や雑誌を販売し、日本の文明開化に大きく貢献しました。

明治時代に創業した本屋さん

店名（地域）	創業年	創業者
丸善《まるぜん》（神奈川、東京）	明治２年	早矢仕有的《はやしゆうてき》
今井書店《いまいしょてん》（鳥取、島根）	明治５年	今井兼文《いまいかねふみ》
煥乎堂《かんこどう》（群馬）	明治13年	高橋常蔵《たかはしつねぞう》
三省堂書店《さんせいどうしょてん》（東京）	明治14年	亀井忠一《かめいただかず》
東山堂《とうさんどう》（岩手県）	明治38年	玉山慶次郎《たまやまけいじろう》
有隣堂《ゆうりんどう》（神奈川）	明治42年	松信大助《まつのぶだいすけ》

はじめて洋書の輸入をおこなった丸善

早矢仕有的はもともと医師だったが、福沢諭吉《ふくざわゆきち》の私塾（のちの慶應義塾《けいおうぎじゅく》大学）で経済学を学ぶ。早矢仕有的は福沢諭吉の考えを受け、外国との貿易を通じて海外知識や文化を日本にもちこむことをめざし、1869年（明治２年）1月1日、横浜に「丸屋商社《まるやしょうしゃ》」を創業。翌年には東京の日《に》本橋《ほんばし》に店を開設し、日本ではじめて洋書の輸入販売をおこなった。さらに大阪、京都に支店を設ける。出版事業もはじめ、薬学の本や詩集などを刊行。本屋、薬屋につづいて雑貨店、西洋家具の製造販売店などを運営。本はもちろん、万年筆、タイプライターなど、めずらしい輸入品の販売をおこなう。これらの事業のすべては、西洋文化の導入が目的だった。1880年（明治13年）には、社名を「丸善商社《まるぜんしょうしゃ》」に改名した。

明治時代初期の丸善日本橋店（左）と、創業者の早矢仕有的（右）。
（丸善株式会社所蔵）

文明開化：明治時代初期、国民の生活に西洋の制度や文化をどんどん取りいれようとした風潮。　義務教育：国や保護者が、子どもに受けさせる義務のある教育のこと。日本では、フランスの制度を手本に1872年に学制が公布されてはじまった。　丸善：東京都港《みなと》区に本社をおく書店。全国に店舗をもつ。

英和辞典が大人気の三省堂書店《さんせいどうしょてん》

三省堂書店は、亀井忠一《かめいただかず》が1881年（明治14年）４月８日、神田神保町《かんだじんぼうちょう》で創業。もとは古本屋だったが、新刊本をあつかうようになり、出版社としても活動した。創業当初より亀井は、日本が欧米の知識を吸収して成長していくためには辞書が必要だと考え、外国語の辞書をつくろうと決意する。1922年（大正11年）、極薄の紙を使った小型辞書『袖珍《しゅうちん》コンサイス英和辞典』を発売。年間数十万部という驚異的な発行部数を記録した。1915年（大正４年）に書店部門と出版部門とに分社し、三省堂書店は本の小売りを専門とした。

1917年、夏目漱石の『明暗《めいあん》』発売日に岩波書店の店頭で。
（『写真でみる岩波書店80年』岩波書店）

岩波書店《いわなみしょてん》は古本屋からスタート

岩波書店は、岩波茂雄《いわなみしげお》が1913年（大正２年）８月５日、神田神保町で創業。当初は古本屋だった。彼は創業にあたり、夏目漱石《なつめそうせき》に頼んで、店の看板の文字を書いてもらった。翌年の1914年（大正３年）には夏目漱石の『こゝ《こ》ろ』を刊行。出版社としての経営を中心におこなうようになる。その後も漱石の新刊の発行を引きうけ、漱石が亡くなったあとには『漱石全集』を刊行。出版社としての経営を中心におこなうようになる。1927年（昭和２年）には、より多くの人が手軽に古典や名作を読めるようになることを目的として「岩波文庫」を創刊。さらに1938年（昭和13年）、現代の問題について解説した「岩波新書」を創刊。第二次世界大戦のあいだも出版活動をつづけた。

はじめての100万部雑誌『キング』

日本ではじめて100万部を突破したのは、娯楽雑誌『キング』。大日本《だいにほん》雄弁会講談社《ゆうべんかいこうだんしゃ》（今の講談社）が1925年（大正14年）に創刊したもの。当時の社長の野間清治《のませいじ》は、この雑誌をかならずヒットさせようと広告に力を入れた。「一家に一冊」という宣伝文句で、豪華な付録（→81ページ）もつけた。そのかいあって、創刊号から74万部を発行。1927年（昭和２年）に120万部を突破し、1928年（昭和３年）には150万部を突破した。当時の日本の人口が約6000万人だったことを考えると、10人に１人が『キング』を買っていた計算になるという。

亀井忠一：1856～1936年。三省堂書店創業者。　岩波茂雄：1881～1946年。出版活動をつづけながら1945年には貴族院議員となり、1946年には文化勲章を受章。　野間清治：1878～1938年。1911年に講談社を設立し多くの雑誌を創刊した。1930年に報知《ほうち》新聞社社長に就任。

古本屋街の起こり

古本屋が集まるまちを「古本屋街」といいます。日本でいちばん大きな古本屋街「神田古書店街《かんだこしょてんがい》」が、東京の神田神保町《かんだじんぼうちょう》にあります。なにをきっかけにして生まれたのでしょうか。また、そのほかの古本屋街は？

神田神保町にある
「本と街の案内所」。

1960年代の神田神保町の古本屋街。（東京都提供）

古本屋とは?

東京都千代田《ちよだ》区の神田神保町は、日本一の古本屋街で、同時に世界最大の本のまちです。新刊書をあつかう本屋とあわせて、ここに約200軒もの本屋が集まっています。その半分以上が古本屋です。神田神保町が「本のまち」とよばれるようになったのは、大正時代から昭和初期にかけてのこと。近辺に東京開成学校（現在の東京大学）や、明治法律学校(明治大学)、英吉利《いぎりす》法律学校（中央大学)、日本法律学校(日本大学)、専修《せんしゅう》学校（専修大学）などが創立され、学生や研究者が集まります。専門書の本屋がつぎつぎにできて、古い本が安い値段で取引されるようになりました。

もっとくわしく

学生街にあった古本屋さん

東京では、東京大学のある本郷《ほんごう》や、早稲田《わせだ》大学のある早稲田など、大学の近くに古本屋街があります。また、京都では百万遍《ひゃくまんべん》、大阪は日本橋《にっぽんばし》、名古屋は鶴舞《つるまい》などに古本屋街ができました。

かつて、大学のある地域には古本屋がありましたが、近年、古本屋の数はめっきりへってしまいました。大阪の日本橋にあった古本屋街もなくなり、梅田《うめだ》に古本屋が集まっています。

京都の大学生たちに親しまれている「吉岡《よしおか》書店」。

百万遍：京都市左京《さきょう》区の百万遍知恩寺《ちおんじ》付近の地名。近くには京都大学がある。百万遍知恩寺では毎年「秋の古本まつり」がおこなわれる。　日本橋：大阪市の中《ちゅう》央《おう》区と浪速《なにわ》区にまたがる地名。現在は東京の秋葉原《あきはばら》とならぶ電気街となっている。　鶴舞：名古屋市昭和《しょうわ》区の地名。名古屋大学医学部のキャンパスがある。

取次の誕生

明治時代になると近代的な出版が発展します。印刷・製本、出版、卸売り、小売りと、それぞれの分業がはじまりました。

明治時代に生まれた「取次」

江戸時代までの本屋は、出版も小売りも一手におこなっていました（→39ページ）。ところが、明治時代になると、分業化が進んでいきます。そうしたなかで「卸売り」を専門におこなう問屋があらわれます。これが、「取次」です。当時は「売捌所《うりさばきじょ》」とよばれていました。

取次は、出版をおこなっていた博文館《はくぶんかん》が1890年（明治23年）に「東京堂《とうきょうどう》」をたちあげ、取次業を専門におこなったことにはじまったといわれています。その後、東京堂、東海堂《とうかいどう》、北隆館《ほくりゅうかん》、大東館《だいとうかん》の４つの取次が、現代に通じる本格的な流通システムをつくりあげます。

第二次世界大戦中には、取次はすべて「日本出版配給《にほんしゅっぱんはいきゅう》」に統合されますが、戦争が終わると再編されます。「東京《とうきょう》出版販売《しゅっぱんはんばい》」（現在のトーハン）や「日本出版販売《にっぽんしゅっぱんはんばい》」（日販《にっぱん》）などの主要な取次を中心にした仕組みがあらたにでき、日本の出版業界の中核を担うようになりました。

トーハンの物流センター（上）（下）。取次から本屋へ、書籍や雑誌の出荷がおこなわれている。

日販のトラック。取次から本屋へ、本屋から取次へと本を運ぶのに大いそがし。

もっとくわしく

現代の取次の役割

取次は、出版業界の流通を担当しています。書籍や雑誌が、きちんと発売予定日に本屋にならぶのも、取次のおかげです。

一般の運送会社で本を運んだ場合、距離が遠ければ運賃は高くなります。ところが取次を通せば、全国どこの書店から注文しても同じ値段で本が手に入るのです。

なお、委託販売制度と定価販売制度（→62ページ）が確立したのも、取次があってこそのことです。

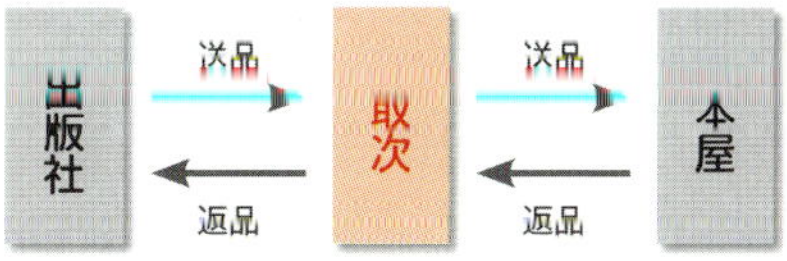

卸売り：ものが流通する過程で、製造業と小売り業者の間をつなぐ業種。製造業者から商品を仕入れ、小売業者に商品を販売する。　博文館：1887年に創業。出版事業をおこなうほか、取次業や広告業など関連企業を次つぎと創業した。現在は「博文館新社」として、カレンダーや手帳、書籍を刊行している。

戦後になると……

空襲で焼け野原となった池袋駅（1945年）。(石川光陽撮影)

第二次世界大戦によって、日本は非常に大きな被害を受け、多くの都市が焼け野原になりました。そんななかでも営業をつづけた本屋さんや、焼けあとから営業をはじめた本屋さんがありました。

戦後の本屋さん

丸善《まるぜん》（→56ページ）は、戦争で建物のほとんどを焼失。しかし、1945年（昭和20年）8月15日の終戦後、すぐに運営を再開したいと奮闘します。

終戦から数か月後には、新しい本屋も登場します。戦後の本屋は、本を通じて日本文化を復興させようと経営に力を入れたのです。

戦前に創業した紀伊國屋書店《きのくにやしょてん》

1927年（昭和２年）１月、田辺茂一《たなべもいち》が東京の新宿《しんじゅく》で創業した紀伊國屋書店は、第二次世界大戦で店舗が焼け、廃業の危機に。それでもバラック（仮設の建物）をたてて再開する。

1947年にたてなおされた紀伊國屋書店。２階だてで、広びろとした店内だった。

大阪駅前にできた旭屋書店（1952年ごろ）。

戦後に創業した新栄堂書店《しんえいどうしょてん》

東京の池袋《いけぶくろ》に新栄堂書店が創業したのは、戦後の1946年（昭和21年）1月。まだ池袋が焼け野原だったころ「これからは人びとに本が必要とされる」と、創業者・柳内宗次《やないそうじ》が神田《かんだ》までリヤカーを引いていき、本を仕入れ、店の軒先で戸板の上にならべて売ったという。

大阪の旭屋書店《あさひやしょてん》

大阪市では1946年（昭和21年）６月、産経新聞社社長の早嶋喜一《はやしまきいち》が日本文化の復興を願って「せめて文化の糧である“本”を通じて人びとの心にうるおいを」と、旭屋書店を創業。

田辺茂一：1905〜1981年。紀伊國屋書店の創業者であるとともに、随筆家として、また芸術家を支援した文化人としても知られる。　柳内宗次：生没年は不詳。新栄堂書店創業者。　早嶋喜一：1900〜1966年。戦後旭屋書店を創業したほか、日本初のカルチャースクールである産経学園《さんけいがくえん》を開設し理事長となった。

2013年現在、約1万4000店

本屋と一口にいっても、さまざまな形態があります。商店街にある昔からの本屋から、都心の大きなビルのなかにある大型店までいろいろです。小さな本屋の数はへってきました。いっぽう、大型店やチェーン店は、ショッピングモールや、人通りが多い駅前の百貨店のなか、車の通りがさかんな道路ぞい、広い駐車場のある郊外にどんどん店を出しています。こうした本屋のほとんどは売り場面積が広く、本の品ぞろえも充実しています。

もうひとつ、最近よく見る新しい形態の本屋は複合書店です。本以外にレンタルCD、DVDやゲームソフトもあつかっていたり、カフェを併設したりしているところも増えています。

もっとくわしく

本屋さんと学校

本屋には、小・中・高校と密接な関係があるところも多いです。地元の学校を訪問して、教科書や問題集、学校図書館用の本などの配達をおこなっています。このように店から外へ営業に出かけることを「外商活動」といいます。県にはひとつ以上の教科書供給会社があり、出版社で発行された教科書を本屋へ届けています。

全国の本屋の軒数（2003～2013年）

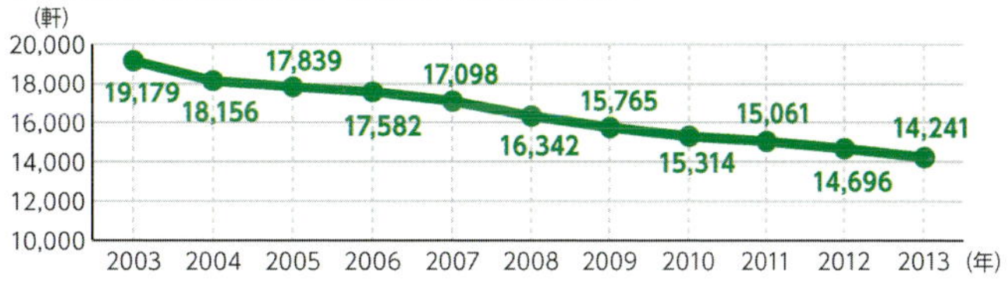

坪数別の軒数（2003年と2012年）

※売り場面積を公表している店舗で集計。

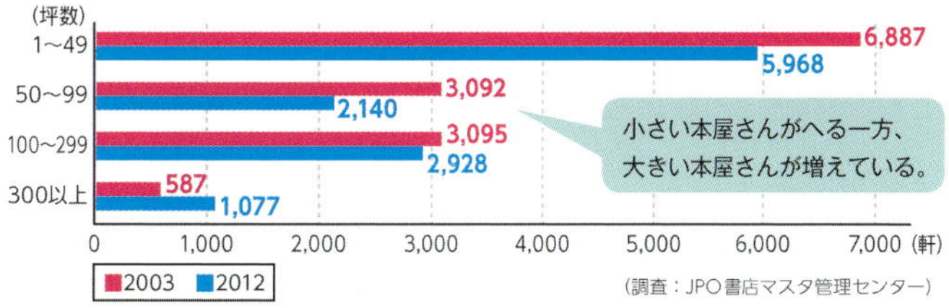

（調査：JPO書店マスタ管理センター）

大型店
（丸善丸《まるぜんまる》の内本店《うちほんてん》）。

複合書店（TSUTAYA《ツタヤ》横浜《よこはま》みなとみらい店《てん》）。

カフェが入っている本屋（大垣書店高野店《おおがきしょてんたかのてん》）。

複合書店：ゲームやCD、DVD、文房具の売り場やカフェなど、書店以外と合体した形態の書店。 教科書供給会社：教科書出版社と書店、または教科書出版社と学校とのあいだに入り、教科書の卸売りをおこなう会社。

日本の出版の特徴

日本の出版制度には、「委託販売制度」と「定価販売制度」というふたつの大きな特徴があります。日本の出版業界は、これらによって支えられてきたといえます。

本屋と出版社をつなぐ取次が、日本の出版制度を支えている。

委託販売制度

委託販売制度は、明治時代の後半ごろからはじまった制度です。かんたんに言えば、取次(→59ページ)が新刊本を出版社からあずかり、本屋にあずける仕組みのこと。このやりかたは、明治時代に実業之日本社《じつぎょうのにほんしゃ》が『婦人世界《ふじんせかい》』という雑誌の委託販売をおこなったのがきっかけで広まりました。

丸善丸《まるぜんまる》の内本店《うちほんてん》。雑誌から専門書まで、幅広くとりそろえている。

本屋は、売れなかった本を返品してよいことになっているので、在庫をためこまないですみ、つぎからつぎへと新しい本をあずかって、販売することができます。

定価販売制度

定価販売制度とは、新刊本は全国どこの本屋でも同じ定価で売らなければならないという仕組みのことです。これは、「再販売価格維持制度（再販制度）」ともよばれています。つまり、小売店で販売する際（再販）、価格をかえずに（価格維持）販売しなければならないという制度です。明治時代に本の値引き競争によって書店業界が混乱したため、大正時代になって定価を決めて販売する仕組みがつくられました。しかし最近になって、定価販売がくずれはじめています。

もっとくわしく

出版制度の長所と短所

長所

- ○ 委託販売制度のおかげで、本屋は売れのこった在庫をかかえる危険性がない。
- ○ 定価販売制度のおかげで、読者は日本全国どの本屋でも本が同じ値段で買える。

短所

- ✖ 委託販売制度は本の返品率の増加につながる。返品には手間もコストもかかる。
- ✖ 定価が決まっているので、値下げセールができない。

委託販売制度の仕組み

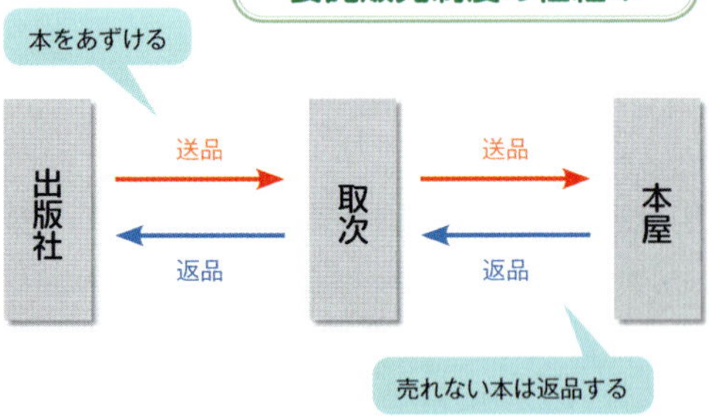

実業之日本社：東京都中央《ちゅうおう》区の出版社。1897年に創業し、1909年に日本の出版業界ではじめて委託販売制度をおこなった。現在はビジネスや実用書、文芸書、コミックなどを幅広く刊行している。

リアル書店とネット書店

「リアル書店」は都市やまちなどにお店のある本屋さんです。いっぽう、「ネット書店」は、インターネットのサイトにある本屋さんのことです。

リアル書店の特徴

「リアル書店」に足をはこべば、さまざまな本を実際に手にとって内容を確認できるのは言うまでもありません。買おうと思っていた本以外の本の表紙が目にとびこんできて、内容を比較したり、あらたな本に偶然に出あったりします。書店員さんに質問したり、検索機を使ったりしながらじっくり本をさがす楽しみもあります。また、作家のサイン会やおはなし会などのイベントがおこなわれることもあります。

作家の先生と一緒に、粘土で恐竜をつくる会（オリオン書房《しょぼう》ノルテ店《てん》）。

英語絵本のイベント。講師の先生とのやりとりが楽しい（ブックハウス神保町《じんぼうちょう》）。

ネット書店の特徴

ネット書店の最大の特徴は、全国どこにいても24時間いつでも本を購入できること。本屋の営業時間内に立ちよれない人にはとくに便利です。検索機能も充実していて、タイトルがわからなくても、いくつもの方法で買いたい本にたどりつくことができます。リアル書店とくらべて、めずらしい本でも入手できる可能性が高いといわれています。

その本について、すでに読んだ人たちの感想や批評を知ることができるのもネット書店の特徴です。ただし、他人の評価を見きわめる力が必要です。なぜなら、感想や書評のなかには、本の評価を故意に低めるようなものもあるからです。

文部科学省主催の「青少年読書感想文全国コンクール」で、内閣総理大臣賞を受賞した本も、インターネットの書評は★ひとつ。
（『版画式 点字基礎のキソ てんてんてんてんてんてん』田中ひろし／著、今人舎）

検索機：本の検索をするための機械。本のタイトルや著者名、キーワードを入力すると、ほしい本の在庫の有無や書店での位置を調べることができる。お客さん自身で簡単に検索ができることから、近年、大型店を中心に多くの書店に設置されている。

見てみよう!

第3章 本屋さん

の仕事

本屋さんにもいろいろあるけれど

近所の本屋さん、大きな駅の近くにあるような大型書店、郊外型の本屋さんなど、お店によっておかれている本の数がちがいます。しかし、あつかっている本のジャンル（種類）はあまりかわりません。

気軽に立ちよれる、まちの本屋。お客さんは近所の人たちが多く、地元を特集した雑誌が、入り口を入ってすぐのところにおかれていることも多い。Ⓐ

大きくふたつにわかれる売り場

日本の本には、大きくわけて「雑誌」と「書籍」の２種類があります。たいていの本屋では、毎週・毎月というぐあいに定期的に発行される雑誌のコーナーと、発売日が定期的に決まっているわけではない書籍のコーナーと、売り場は、大きくふたつにわかれています。

ターミナル駅の近くや郊外にある大型書店は、売り場が広く、本の数も多い。Ⓑ

雑誌：同じタイトルのもとでさまざまな記事を集め、定期的に刊行されるもの。週刊誌や女性誌、コミック誌、文芸誌、グルメ誌、スポーツ誌などジャンルは幅広く、刊行される期間も週刊、月刊、季刊などさまざまなものがある。

書籍コーナー

書籍のコーナーは、内容によって、下記のようにわかれている。

一般書

「文学」「歴史」「自然科学」などあらゆる分野の本がならぶ。Ⓑ

実用書

「料理」や「手芸」など、日常生活で役立つ情報をまとめた本が多い。Ⓑ

学習参考書・辞典

何種類もある本をくらべて、そのなかからえらぶことができるようになっている。Ⓑ

児童書

日本や外国の絵本、童話、物語などがならぶ。Ⓑ

サイズの小さい文庫と新書は専用の書だなが設けられている。

文庫

かつては小説が主流だったが、いまはノンフィクションや実用書までさまざまなジャンルのものがあつかわれている。Ⓑ

新書

さまざまなテーマの本が、興味を引くタイトルで目にとびこんでくる。Ⓑ

コミックコーナー

立ち読みができないように、本にシュリンク（とうめいなフィルム）がかけられている。そのため最近では、試し読み用の冊子がおかれているところも多い。Ⓓ

コミックの試し読みができるタッチパネルを店内におく本屋もある。Ⓔ

本屋でよく見られる、「回転塔」とよばれる回転式のたな。360度回転するので、どこからでも出しいれがかんたん。絵本などがおかれていることが多い。Ⓒ

新書：文庫本よりもたてに長い大きさ（たて18cm×横11cm前後）で、教養的な内容や実用的な内容など、さまざまなテーマについて一般向けにわかりやすく書かれた本。読者にとっては分量、価格とともに手に取りやすく、ベストセラーも多い。大手出版社を中心に数多く発行されている。

本のならべかた・見せかた

本屋さんでは、新しく出た本や話題の本は、お客さんの目につくところにおくようにしています。長く売れつづけている本は書だなにならべます。どこにどのようにならべるかによって、本の売れゆきがまったくかわるといわれています。

平積《ひらづ》み・面出《めんだ》し・たな差し

本をならべる場所には、「平台《ひらだい》」とよばれる低い台と、本をたてる書だながあります。書だなは、本を「面出し」にする場合と「たな差し」にする場合とがあります。

平台に高く積みあげるならべかたを「平積み」といいます。平積みされる本はよく目立つので、新刊書や話題の本がおかれます。その店が推薦する本をおく本屋もあります。

❶平積み

表紙を上にして、「平台」とよばれる台の上にたいらに積みかさねて陳列する方法。平台は、たいてい売り場のいちばん目立つ場所にある。Ⓑ

❷面出し／面陳《めんちん》

表紙を見せて陳列する方法。人の目線の高さに表紙（表面）を見せておく。ただし、全面を見せられない場合、かさねることも多い。本のタイトルが本の上部に横に書かれているデザインが多いので、かさねられても本のタイトルが見える。Ⓑ

❸たな差し

背表紙を見せるならべかた。出版社では、たな差しになってもタイトルが目立つように、色やデザインにそれぞれ工夫をこらしている。Ⓑ

新刊書：新しく刊行された書籍のこと。すでに発行されている「既刊書」に対する言いかた。

目立つ本はおすすめのもの!?

本屋は、ただ平台や書だなに本をならべているのではありません。ならべかたにさまざまな工夫をこらして「たなづくり」をおこなっています。人の目線の高さに表紙をならべたり、書店員さんのおすすめ本を、書だなのなかで面出しして目立たせたり、ひとりの作家の本を同じところに集めたり、関連する本をとなりどうしになるようにならべたりと、いろいろです。１冊の本を、いろいろなコーナーにおくこともあります。

書だなで、ほかの本が背表紙だけ見えているなかで数点面出しされていると、とても目立つ。Ⓑ

人気のあるシリーズの新刊書が発売された直後につくられた、天井までとどく本のタワー。Ⓕ

ところどころに見られるカードは?

本の内容をひとことであらわしたり、キャッチコピーを書いたりする紙を「ポップ」といいます。本を手にとって中身を確認しなくても、ポップから、その本のおおよその内容がわかります。

ポップってどんな役目をしているの？

本屋によっては、お客さんの目を引くように、宣伝文句を書いた「ポップ」とよばれるカードを本につけています。

ポップ（POP）は、英語の「point《ポイント》 of《オブ》 purchase《パーチェス》（店頭）」の頭文字をとった略語です。

ポップがきっかけとなって本が売れ、ベストセラーになったという例もあり、ポップを重視する書店員さんが多いです。

キャッチコピー：商品の宣伝、広告のためにつくられた短い文章のこと。テレビCMやポスター、新聞、雑誌の広告、ウェブサイトなどさまざまな場所で使われ、見た人に商品への興味をもたせるように工夫がこらされている。

ベストセラーのきっかけは、ひとりの書店員さん

手書きのポップの効果で、全国的なベストセラーになった。

ポップがきっかけでベストセラーになり、大きな話題をよんだのは『白い犬とワルツを』（テリー・ケイ著、新潮《しんちょう》文庫）という文庫本です。2001年、千葉県習志野《ならしの》市津田沼《つだぬま》にあるBOOKS《ブックス》昭和堂《しょうわどう》の副店長が、その本のよさをお客さんに伝えようと、ポップを手づくりして本のそばにおきました。当時、出版社がつくったポスターやポップはありましたが、手書きのポップというのは、めずらしいものでした。その本は、出版して３年が経過しているにもかかわらず、ポップを見たお客さんが、本を買っていきました。そのことを知った出版社が、この話を全国の本屋に紹介したところ、手書きのポップを使う本屋が続出しました。その結果『白い犬とワルツを』はその年、ついに160万部にとどくほどの大ベストセラーになりました。

もっとくわしく

中学生がつくったポップ

東京都町田《まちだ》市の久美堂《ひさみどう》本店で、地元中学校の生徒が自分の好きな小説をポップで紹介するというフェアがひらかれました。「魂のポップ」というタイトルがついた特設コーナーでは、３年生が「本の魅力を紹介したい」とえらんだ約100冊がならびました。思い思いのことばによる表現や、個性的なイラストによる紹介は、本の売りあげにも貢献しました。フェアのきっかけは、同中学校の国語の先生が、「生徒が読書する動機をつけたい」と同店に相談したことから。ポップづくりは、本の内容をきちんと理解してポイントをおさえ、魅力的なことばやイラストを使い、色や書体など工夫して目立つようにしなければなりません。授業の題材として学べることはたくさんあります。地元の本屋と協力してポップづくりをおこなっている学校は、全国的に増えています。若い世代にもっと読書に興味をもってもらいたいと、書店員さんも積極的に取りくんでいます。

桜美林《おうびりん》中学校の生徒がつくったポップ。ポップの文面から、生徒それぞれの本に対する思いが伝わってくる。

『白い犬とワルツを』：テリー・ケイ著、兼武進《かねたけすすむ》訳。1998年に新潮社から発行。2001年には日本で映画化された。

「なんとなく」をさそう本屋さん

なんとなく入ってみたくなる、店のなかをぶらぶらしていてなんとなく本を手にとってみたくなる。そんな本屋さんは、どのようにつくられているのでしょう。売り場を魅力的にするために、いろいろな工夫がおこなわれています。

ディスプレイの工夫

どこの本屋でも、売り場に、本をどのように展示（ディスプレイ）するかは、本を売るうえでとても重要です。大きなパネルを使ってよびかけたり、季節感のある小物をそえてならべたりと、書店員さんたちの工夫が光るディスプレイに、お客さんの目がとまります。

「農業・園芸書フェア」。ビニールハウスを連想させるユニークな展示。目を引くように工夫がされている。Ⓖ

エスカレーター近くの目立つ場所に、釣りに関する本がずらっとならぶ。Ⓑ

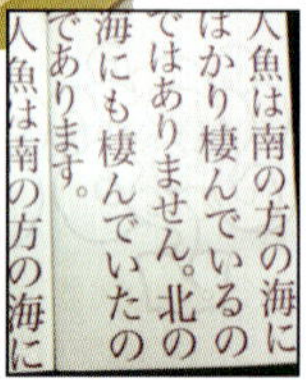

「ほんのまくらフェア～書き出しで選ぶ100冊」。本の出だしの文章（まくら）をオリジナルカバーに印刷し、本のタイトルも著者名も見えないように包んだ本をならべた。Ⓓ

児童書コーナーには、子どもたちがくつをぬいで、絵本を読むことのできるスペースがある本屋もある。Ⓑ

すわって読める本屋さん

近ごろ、大きめの本屋では、店内に椅子やテーブルをおき、お客さんがすわって試し読みできるところが増えています。「すわり読み」用の椅子を用意したのは、日本ではジュンク堂書店がはじめてだといわれています。専門書を中心にあつかうジュンク堂書店では、重くて大きな専門書を、できるだけゆっくりえらんで買ってほしいと、椅子とテーブルを用意したといいます。

各フロアに椅子をおいている。Ⓑ

かつては本屋では立ち読みをきらったものですが、ジュンク堂書店の「立ち読み禁止、すわり読み歓迎」という宣伝コピーが、大きな反響をよびました。いまでは、同じような本屋が全国に増えています。すわり読みすることでお客さんが本を買わなくなるのでは？　という声もあります。しかしジュンク堂書店では、ゆっくり時間をかけて本をえらんでほしいと考えています。

もっとくわしく

フロアガイド

フロアガイドとは、お店の各階がどんなコーナーで構成されているかが表示された冊子です。大きい本屋には、どこにどんな本がおいてあるかひと目でわかるように、フロアガイドが用意されているところもあります。

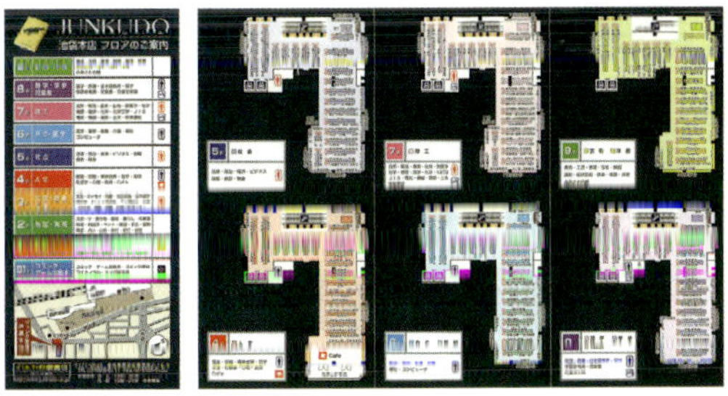

店内のどこにどんな本がおいてあるか、くわしく表示された地図 Ⓑ

ジュンク堂書店：1963年設立。兵庫県神戸市に本社をおき、全国でチェーン展開する大手書店だった。2015年2月に同じく大手書店チェーンの丸善《まるぜん》書店に吸収合併され、その後は会社名が「丸善ジュンク堂書店」となって、全国で「丸善」と「ジュンク堂書店」を展開している。

手遊びや、紙芝居、絵本の読み聞かせを定期的におこなっている本屋。Ⓒ

サイン会やフェアをするわけは？

本屋さんでは、サイン会などのイベントがおこなわれることがあります。これはその本の発売をきっかけにして、本屋さんに人を集めることが目的です。特設コーナーをつくり、おすすめの本を集めて紹介するフェア（展示会）をおこなうこともよくあります。

サイン会やトークショー

「サイン会」は、本を買ってくれた人のために著者がその場で本にサインをするイベントです。新刊書が出版されたときなどに、本屋が著者をまねいておこなうことがあります。

「トークショー」は、おしゃべりを主体にしたイベントのことです。その著者や関係者をまねいてひらかれます。

本屋のなかには、地域の子どもたちを対象に、書店員さんが絵本の読み聞かせを定期的におこなっているところもあります。

絵本の発売にあわせておこなわれたサイン会。著者が絵つきのサインをしている。Ⓗ

特設コーナー：あるテーマにそって特別にもうけられた一角のこと。テーマはさまざまだが、文学賞受賞作や、テレビなどで話題のもの、季節や地域に関連したものなど、書店それぞれが注目してほしいテーマを設定しており、書店の個性が発揮されるところでもある。

特設コーナーをさがそう

本屋の入り口や、特設コーナーなどには、ひとつのテーマで、本が集められていることがあります。夏休みの課題図書を集めたコーナーをつくったり、ひとりの作家が書いたさまざまな本を集めたり、いろいろなテーマのフェアが店内のあちこちで見られます。

こうしたフェアでは、ふだんお店にない本がならんでいることもあります。

夏休みの課題図書を集めたフェアは多くの本屋さんで見られる。Ⓘ

しかけ絵本を集めた特設コーナー。Ⓒ

秋をテーマにした本を集めたフェア。Ⓙ

もっとくわしく

ベストセラーとロングセラー

ある特定の期間内にとてもよく売れた本を「ベストセラー」といい、何年間も売れつづけている本を「ロングセラー」といいます。その本がロングセラーかどうかということは、奥付《おくづけ》（本の情報を記したページ）を見ればすぐにわかります。第1刷の発行日がかなり古かったり、最新の発行日の「第○刷」の数字が多かったりしたら、長い期間にわたって売れている本だということです。

『発達と障害を考える本②　ふしぎだね!?　アスペルガー症候群［高機能自閉症］のおともだち』（内山登紀夫／監修、安倍陽子・諏訪利明／編、ミネルヴァ書房）

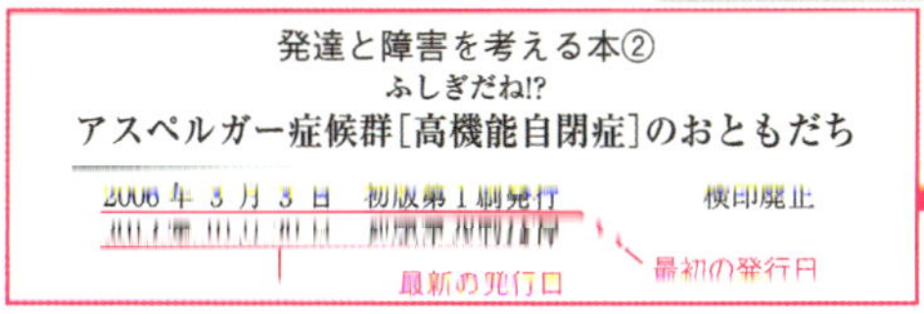

本の最後のほうにある「奥付」のページには、タイトルや著者名、出版社名、最初の発行日、最新の発行日などが書かれている。

課題図書：毎年おこなわれる「青少年読書感想文全国コンクール」で、主催者が指定した本のこと。小学校低学年、中学年、高学年、中学校、高校にわけてそれぞれ数冊ずつ指定され、フィクション、ノンフィクション、外国作品などが幅広く選ばれる。読書感想文は小中学校の夏休みの宿題となることも多い。

書店員さんとのコミュニケーション

本屋さんでお客さんの問い合わせに対応するのはすべて書店員さんの役目です。書店員さんは、よろこんでお客さんの求める本をさがしたり、出版社から取りよせたりしてくれるはずです。

この本は
私のおすすめです！
C

書店員さんの仕事いろいろ

書店員さんは、本屋の「顔」です。販売員として、レジで会計をするだけが仕事ではありません。本を関連づけてならべる「たなづくり(→86ページ)」や、お客さんの目を引く「ポップづくり(→72ページ)」、独自の「イベント企画(→76ページ)」など、いろいろな仕事があります。舞台裏の仕事もたくさんあります(→80ページ)。

本って、とても
重いんですよ。
D

本さがしの達人

「この本はおいてありますか？」といった問い合わせに対応するのも書店員さんです。お客さんが本のタイトルを正確に覚えていないときは、書店員さんが知識や経験をもとに、平台《ひらだい》や書だなにある本をさがしだしたり、著者や出版社の名前をもとにコンピューターで検索したりします。「新聞広告を見た」「テレビで見た」といった問い合わせに対しても、お店にある新聞からさがしたり、コンピューターで検索したりして、お客さんが求める本をさがしだします。

書だなの本を、
きれいにならべ
なおしています。
B

ブックカバーは日本だけのもの!?

本屋さんでは、本を買うと「カバーをおつけしますか？」と聞かれます。これは、日本独自のサービスで、海外の本屋さんでは見られません。

大正時代がはじまり

文芸書や文庫、新書などを買ったときに、本屋でつけてくれるブックカバーは、大正時代に古本屋が本を包んだのがはじまりといわれています。

本屋からすれば、ブックカバーをつけると、会計がすんでいることがひと目でわかります。また、お店の宣伝にもなります。

お客さんからすると、本がよごれるのを防ぐため、また、なにを読んでいるか他人に知られないようにするために、ブックカバーを利用しています。

「ブックカバーはいらない」というお客さんには、もちろんカバーをつけずにわたします。

お客さんとの会話のきっかけに

積極的にブックカバーを提供している本屋もあります。有隣堂《ゆうりんどう》では、1977年より、お客さんに好きな色の文庫用ブックカバーをえらんでもらうサービスをはじめました。「何色のカバーになさいますか?」とお客さんに声をかけることで、会話のきっかけにしたい、という目的で生まれたといいます。

10色からえらべる、有隣堂の文庫用ブックカバー。 K

ブックカバーの折りかた

❶ブックカバーの用紙を本のサイズに合うように折りまげる。

❷カバーの中心に本をおく。

❸カバーを左右均等の長さにそろえる。

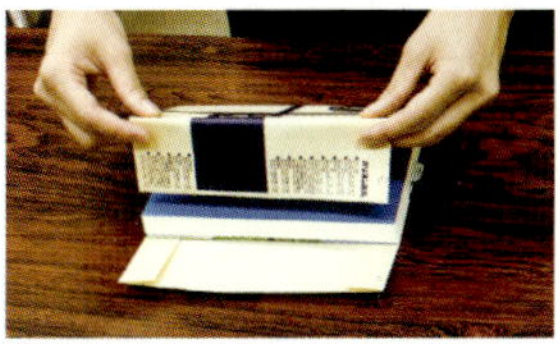

❹余った部分を本のサイズに合わせて折りまげる。

❺もういっぽうの余りも折りまげる。

❻完成。

写真はすべて C

有隣堂：1909年創業。神奈川県横浜市に本社をおく書店チェーン。神奈川県を中心に東京都、千葉県で数十店を展開し、本や文房具を販売する。社名は論語の「徳は孤ならず、必ず隣有り」（徳のある人は孤立することはなく、かならず共鳴する人がいる）からとられ、この言葉が経営方針にもかかげられている。

朝、開店前は大いそがし

本屋さんに大量の書籍や雑誌がとどけられるのは、早朝です。雑誌の発売日が集中する日は、とくに大変です。書店員さんたちは、開店の１時間前ごろに集まって、荷開け作業をおこないます。

開店前に取次から本をはこんでくるトラック。Ⓑ

荷開け作業は重労働

本屋では、取次からはこばれた書籍や雑誌をいっこくも早く店頭にならべようと、朝から荷開け作業をおこないます。ダンボール箱から本を取りだし、売り場ごとにわけて、店頭にはこびます。

❶ **荷受け** 配達された荷物を受けとり、個数を確認する。
↓
❷ **荷開け** 配達された書籍や雑誌の入ったダンボール箱を開ける。
↓
❸ **検品** 入荷商品のタイトル・価格・冊数を点検する。
↓
❹ **仕分け** 売り場別に分類する。

トラックから、大量のダンボール箱を下ろす。Ⓑ

配達されたダンボール箱を倉庫まではこび、箱を開ける。Ⓑ

入荷した書籍や雑誌のタイトル・価格・冊数を点検する。Ⓑ

点検した書籍や雑誌を、売り場ごとに仕分けておく。このあと、店頭にはこぶ。Ⓑ

ひもかけ、シュリンクかけ

雑誌に付録がついている場合、雑誌本体と付録は、もともとセットされているわけではありません。ひとつひとつに付録をつけるのは本屋の仕事です。書店員さんが、ビニールひもや輪ゴムなどで雑誌本体に付録をくくりつけます。最近は、付録つきの雑誌やムックが増えているので、この作業だけでも大変です。また、コミックなどの本には「シュリンク」とよばれるとうめいなフィルムをかけています。

ひもかけ

雑誌本体に、付録をはさみこむ作業（左）。付録とセットにして、ビニールひもでしばる（右）。Ⓒ

シュリンクかけ

本にシュリンクをかける機械。立ち読みや本のよごれを防ぐためにフィルムをかける。Ⓑ

もっとくわしく ひしがたのしばりかた（雑誌）

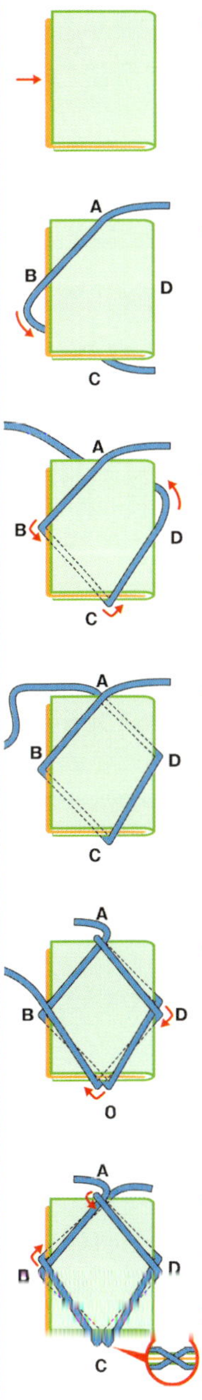

❶雑誌に付属する付録を、間にはさむ。

❷図のようにひもをAからBへななめにかけ、Cにむかって下にくぐらせる。

❸ひしがたをえがくように、CからDにむかってひもをかける。

❹DからAにむかってひもを下にくぐらせ、Aに来たひもをDにむかって上からかける。

❺DからCにむかってひもを下にくぐらせ、CからBにむけて上からかける。

❻BからAにむかってひもを下にくぐらせ、ひもを切ってAでかた結びをする。

付録：雑誌やムックの本体に添えられたおまけや小冊子のこと。もともとは巻末の解説や年表、図版など本文の補足的な情報を指したが、近年、女性誌を中心にバッグやポーチ、化粧品、文具などが付録としてつけられるようになった。豪華な限定付録つきの「ブランドムック」なども発売され、好評を博している。

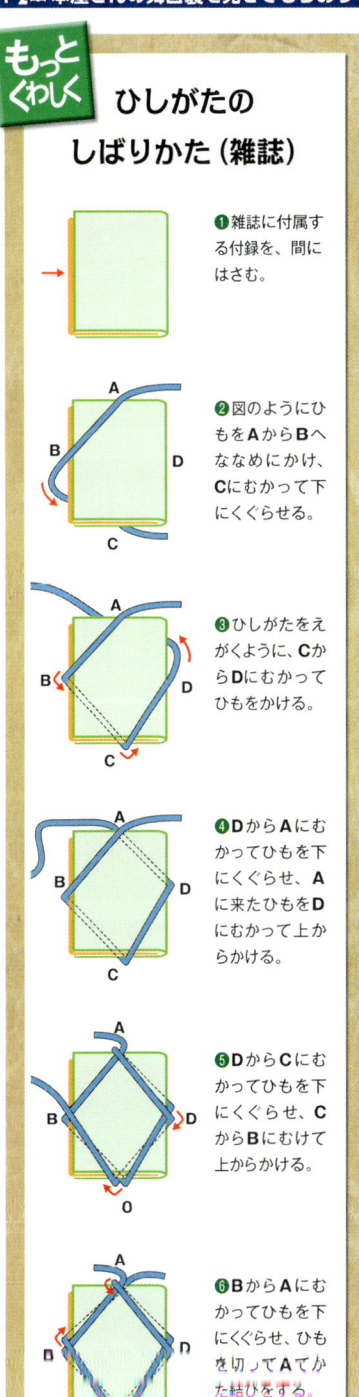

書店員さんにとってのISBN《アイエスビーエヌ》

新しくとどいた本を店内のどの売り場においたらよいか、本の中身を読まなくてもわかるように、本にはいくつかのコードがついています。これは、発行形態や内容を特定できるようにつけられたものです。

『よんでしらべて時代がわかる
ミネルヴァ日本歴史人物伝　清少納言』
（朧谷寿／監修、西本鶏介／文、山中桃子／絵、ミネルヴァ書房）

ISBNの番号は全世界共通

本の裏表紙を見ると、定価の近くに、ISBNにつづいて13けたの数字*がならんだ番号が表示されています (→17ページ)。

これは「国際標準図書番号」といって、世界じゅうで同じ番号を使って本を見わけられるようにしたシステムです。上の例は、「日本(4)のミネルヴァ書房《しょぼう》(623)という出版社が06414という番号をつけた書籍」をしめしています。つまりこの番号は、世界じゅうの本のなかでこの１冊をあらわしているというわけです。最後の番号４は、バーコードで正しく読みとれたかどうかをチェックするための数字です。

＊昔の本には、10けたの数字になっているものもある。

❶ISBN

例　ISBN978-4-623-06414-4

日本独自のC《シー》コード

Cにつづく４けたの数字は、Cコードとよばれる分類記号で、日本独自の番号によって本を分類できるようにしたシステムです。

Cからはじまる４けたの数字の１けた目が、販売の対象（一般書、専門書、学習参考書、児童書など）、２けた目が発行形態（単行本、文庫、全集・シリーズ、絵本など）、３・４けた目が内容（哲学、歴史、芸術など）をあらわしています。

左の例は、「児童（８）を対象にした、全集・シリーズ（３）で、日本歴史（21）に分類される書籍」という意味になります。

❷Cコード　例　C8321

このようにCコードは、その本を分類すべき場所をしめす「本の住所」のようなもので、書店員さんはCコードを参考にしながら、その本を店内のどこにおいたらよいか見わけています。Cコードの３・４けた目は、日本の図書館で使われている「日本十進分類法」（NDC《エヌディーシー》）をベースにしています。

ふたつのバーコード

Cコードにつづいて表示されているのは、価格コードです。左の例は、「本体価格が2500円」という意味です。

❸価格コード　例　¥2500E

ISBNにCコードと価格コードを加えたものを「日本図書コード」とよびます。日本図書コードの情報をバーコードで表示したものを「書籍JAN《ジャン》コード」といいます。自動読みとり装置で情報を収集できるので、書籍JANコードは、POS《ポス》レジ（→89ページ）をはじめ、発注や在庫管理などに利用されています。

雑誌の裏表紙

雑誌の裏表紙には、「雑誌コード」とよばれる５けたの数字と、号数や発行月があわせて表示されている。03779は雑誌コード、12は12月号の意味。

例　雑誌　03779 ― 12

『いしのおもちゃ』「こどものとも　2013年12月号」（イチンノロブ・ガンバートル／文、津田紀子／訳、バーサンスレン・ボロルマー／絵、福音館書店）

もっとくわしく　もうひとつの書籍の分類法

書籍の分類法には、出版業界で使われているCコードのほかに、日本のほとんどの図書館で使っている日本十進分類法（NDC）があります。これは本の種類を10の大きなグループにわけ、それぞれのグループをさらに10にわけていく仕組みです。

本屋では一般的に、Cコードで書籍を分類する場合がほとんどです。しかし、Cコードは100分類までしかないので、それでは足りない場合の分類にNDCを利用することもあります。

奥付《おくづけ》に記載されたNDC。281は「日本の伝記」の本であることをしめす。

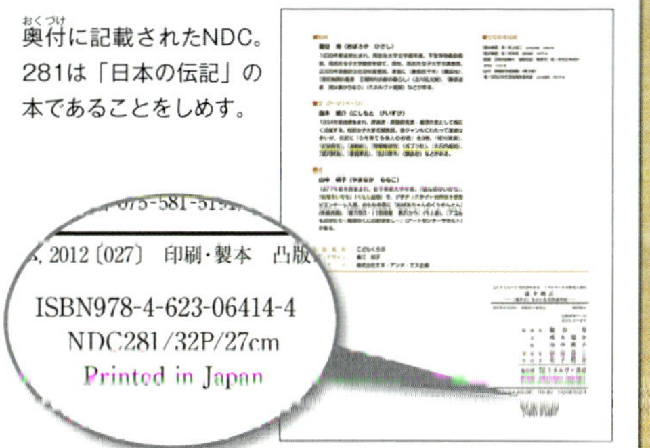

NDC：Nippon Decimal Classificationの略。Decimalは「十進法の」、Classificationは「分類」の意味。　本体価格：消費税をふくまない価格のこと。日本では通常、ものの値段は消費税をふくむ「内税」表示が義務づけられているが、本や雑誌は商品価格のみで消費税をふくまない「外税」表示が認められている。

書だなの下のスペースを利用して、在庫が保管されている。Ⓒ

書だなに入りきらない本は？

本屋さんにある本は、店頭に出ている分だけではありません。お客さんの目に見えないところにも、たくさん本が保管されています。

バックヤードでも、ジャンル（種類）別にわけて保管されている。Ⓒ

100万冊も本がある本屋さん

日本の大型の本屋では、100万冊をこえる本があるお店もめずらしくありません。

店頭だけでなく、書だなの下の引きだしや、バックヤード (→91ページ) というお客さんに見えないところに、本が保管（ストック）されています。これらの本は「在庫」とよばれています。

取次から来た荷物もたくさん積んである。Ⓓ

倉庫はどんなふうになっている？

紀《き》伊《の》國《くに》屋《や》書店《しょてん》新宿《しんじゅく》本店《ほんてん》では、各フロアのバックヤードのほかに、地下に本の在庫を保管する倉庫があります。ここには毎日、新刊書や雑誌がとどけられ、荷開け作業（→80ページ）や、返品作業（→87ページ）がおこなわれています。

在庫がたくさん積まれている倉庫。Ⓓ

もっとくわしく

本の出版点数は、どんどん増えている

日本では、１年間に新しく出版される書籍はだいたい７万～８万点前後だといわれています。雑誌の発行点数は年間に3000～4000点ほどにのぼります。

本屋の売り場面積には限りがあるので、どんどん出版される分、店頭におかれる期間が短くなっています。売れなければ、すぐに出版社に返品されてしまいます。

紀伊國屋書店新宿本店：東京都新宿《しんじゅく》区。新宿駅近くのにぎやかな場所に立地し、地下１階から８階までフロアをもつ日本有数の大規模書店のひとつ。

平台《ひらだい》や書だなを見ながら、本の売れゆきをチェックする。Ⓑ

書だなの本は毎日入れかわる

書店員さんは、新しい本が入ってくるたびに、売れゆきのわるい本を返品して、新しい本を入れるためのスペースをつくります。本屋さんの書だなは、図書館とちがって、どんどん変化していきます。

在庫切れの本は追加で注文

書店員さんは、店頭の書だなの状況を見ながら、毎日、「たなづくり」の作業をくりかえします。売れゆきがよい本の在庫が切れたり、数が少なかったりしたら、出版社や取次に発注します（これを「補充」と言う）。

新刊書以外の本は、ふつうは本屋が注文しないと、入荷してきません。出版社に「『○○』を追加で○冊お願いします」と注文すると、本屋に入ってきます。ところが、本によっては希望した通りに入ってこないこともあります。出版社から「品切れ、重版《じゅうはん》未定なので注文をお受けできません」と言われたときは、出版社にも在庫がないということです。

在庫が切れているものや、なくなりそうなものは、電話やファックスで注文する。Ⓑ

重版：初版（一度目に印刷した本）のものと同じ版を使って刷りなおすこと。一度目に刷ったものを１刷、二度目に刷ったものを２刷、三度目に刷ったものを３刷……といい、２刷以降を「重版」とよぶ。本が出荷され、出版社に在庫がなくなった場合、その後の売れゆきを予想して重版がおこなわれる。

売れのこった本は返品

大多数の雑誌は、定められた期間内（週刊誌は発売日から45日、月刊誌は60日以内）なら、出版社へ「返品」することができます。返品期限をすぎると、返品できずに本屋が在庫を処分しなくてはなりません。そのため、返品はこまめにくりかえされています。

一定期間をすぎて売れのこった書籍も出版社に返品することができます（新刊書で105日以内）。商品を返すことができるというのは、とても特殊な例で、出版業界以外ではほとんどありません。

❶ 売れのこった本や、売れないと判断された本は、出版社に返品する。本のうらのバーコードを読みとって在庫管理をおこなう。Ⓑ

❷ 読みとったデータをコンピューター上で確認する。Ⓑ

❸ 返品する本をダンボール箱につめる。Ⓑ

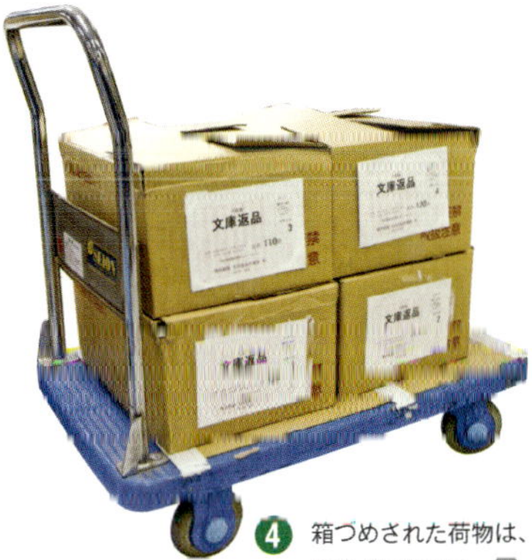

❹ 箱づめされた荷物は、取次が回収する。Ⓑ

返品：いったん仕入れた、または購入した品物を返すこと。出版業界では「委託販売制」という制度により一定期間内の返品が認められている。返品された本は書店から取次を経由して出版社に戻り、出版社で改装（よごれをとりカバーをかけなおすなど、装丁を新しくすること）され再出荷されることが多い。

レジカウンターのなかは、どうなっている?

本屋さんのレジカウンターは、商品の会計をする以外にカバー(→79ページ)**をかけたり、袋に入れたりする場所です。お客さんからの問い合わせや注文もここで受けます。何人もの書店員さんがレジにいる大型書店もあります。**

細長い紙のゆくえは?

本屋で本を買うとき、レジで書店員さんが本から細長い紙をぬきとります。これは、「スリップ」とよばれる注文票で、会計をすませる前の本には、どこかのページにはさんでありま す。スリップはふつう、本屋でしか見かけないものです。

スリップは、片面が「売上カード」、もう片面が「注文カード」になっていて、両面に商品情報(書名、定価、ISBN《アイエスビーエヌ》など)が印刷されています。売上カードは、どんな本がどれだけ売れたかを集

スリップ

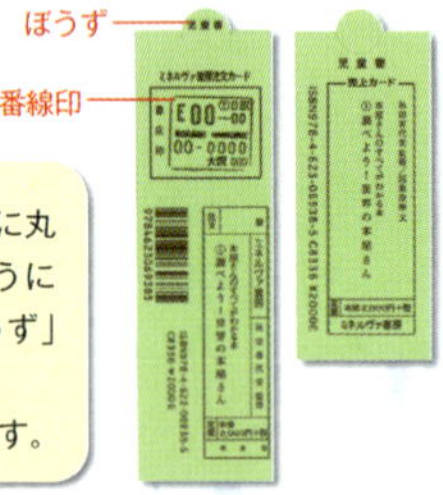

引きぬきやすくするために、上部に丸い頭があり、本から飛びでるようになっている。この頭は通称「ぼうず」とよばれる。
「注文カード」にお店の番線印《ばんせんいん》を押す。

POS《ポス》レジを導入している本屋のレジカウンターでは、売れた本やお客さんの情報などがデータ化される。Ⓑ

計・分析するのに役立ちます。注文カードは、「書店印」と書かれた空白のスペースにお店のハンコ（番線印）を押して注文冊数を記入し、取次か出版社にとどけることになっています。これをとどけることで、売れた本の補充（→86ページ）ができる仕組みです。

POS《ポス》レジでデジタル管理

最近、スリップを使うかわりに、POSレジとよばれるシステムを導入したレジを使う本屋が増えています。レジで会計をするときに本のバーコードを読みとることで、どの本が売れたかが記録されます。また、客層や時間帯もデータ化されます。店頭に出ている本だけでなく、在庫もすべて管理できるので、自分の店にどの本が何冊あるかがすぐにわかります。

POSレジを導入するメリットはいろいろありますが、費用がかかります。そのため、これまでのやりかたをつづけている本屋も少なくありません。

レジの奥の書だなにある本は？

本屋では、店頭にない書籍や雑誌の注文があれば、出版社から取りよせをします。レジの奥にある書だなには、注文したお客さんにわたせるように、定期購読の雑誌や、取りおきの本（お客さんから注文を受けた本）がおかれています。

もっとくわしく　スリップが消える!?

スリップが登場したのは、大正時代だといわれています。100年近いあいだ、出版流通になくてはならないものとして活用されてきました。しかし、いまではPOSレジの登場で、レジで売りあげをあげた瞬間に注文することも可能になりました。オンラインで取次へと情報が流れるので、番線印も必要ありません。在庫管理がコンピューターでできるので、スリップの活躍する場はどんどんへっています。

とはいえ、小さな本屋さんでは、まだスリップを活用しているところも多いため、スリップがなくなることは当面ないといわれています。

番線印：「番線」は、取次が取引のある本屋に割りあてる番号のこと。番線を記したはんこが「番線印」で、出版社や取次に対して本の送り先を示す、本屋の住所のようなもの。　POS：point of sale《ポイント オブ セール》の頭文字。商品名や数量などを販売時に自動で集計し、在庫管理や今後の販売に役立てるシステム。

書店員さんの応援団

ときどき本屋さんにやってきて、書店員さんと本の話をしている人がいます。出版社や取次の人たちです。そこでは、「どんな本が人気があるのか」「これからどんな本が出版されるのか」といった会話がおこなわれています。

出版社の応援

本屋のたなづくり(→86ページ)の主役は、主に各ジャンルを担当する書店員さんです。でもそのかげには、出版社や取次から来る営業担当者の応援もあります。出版社の営業担当者は、つぎのようなことをおこないます。

❶自社の本が店頭にあるか、在庫状況はどうかをチェック。
❷自社の新刊書についての情報を提供し、注文を受ける。
❸自社や他社の売れすじや話題性のある本の情報収集。
❹ポップやポスターなどで自社の本を宣伝する。

そのほか、よその本屋の状況やほかの出版社の本のことなど、おたがいにもっている情報を交換します。

取次の応援

取次から来る営業担当者は、つぎのようなことをおこないます。

❶新刊書や売れすじ商品についての情報をもとに、在庫としてもっておくべき商品について提案する。
❷複数の出版社の商品をセットにして、フェア企画を提案する。

取次は、出版社と本屋の中間にあるため、どちらからの情報も集まります。これらを取次の営業担当者が分析して、それぞれの本屋の条件に合った売り場のつくりかたを提案していきます。

出版社から来た営業担当者と本の売れゆきなどについて情報交換しているところ。Ⓑ

バックヤードの仕事

本屋さんのすみにある部屋を、「バックヤード」といいます。書店員さんは売り場だけでなく、バックヤードでも働いています。

舞台裏でも、書店員さんたちは大いそがし

書店員さんは、バックヤードでも、さまざまな仕事をこなしています。お客さんに満足してもらうためのお店づくりをしようと、見えないところでもがんばっています。

● 在庫をチェックして発注する （→86ページ）

店内の在庫が切れているもの、数が少なくなっているもの、もうすぐ出る本で予約したいものなどについて、出版社や取次に電話・ファックスで注文します。

● ポップを書く （→72ページ）

「この本は売りたい」と思うものについて、本の宣伝文句をポップで表現します。

● イベントを企画する （→76ページ）

書店員さんは、お客さんがいつお店に来ても興味を引くような工夫をしています。そのひとつが、イベントやフェアの企画です。

店員さん同士で考えたり、出版社や取次の人に相談したりしながら、どんなイベントでどの本をならべるかを考えます。イベントやフェアのテーマによっては、本がたくさん売れることもあるので、テーマを決める際には慎重におこなう必要があります。

バックヤードには、さまざまなメモや本の入ったダンボール箱などがぎっしり。J

出版社の注文書で、注文したい本をチェック。J

電話で出版社に注文する。[illegible]の必需品。J

イベントを企画しているところ。取次が本屋むけにつくっている情報誌や、出版社からの提案も参考にする。J

バックヤード：英語のbackyard《バックヤード》（裏庭の意味）がもとになった言葉。売り場の裏側にあり、在庫商品の保管や作業場、打合せの場などとして、はたらく人が使用する、お客さんに見えない場所のこと。

もっと知りたい!

第4章 本屋さん

の秘密

すわって本が読めるように、つくえと椅子がおかれている本屋もある。Ⓐ

本屋さんは「学びの場」

本屋さんに５分もいれば、かなりの量の情報を得ることができます。それは本屋さんが知識の宝庫だからです。

日本の本屋さんは「世界一」！

日本の本屋があつかう本の多様さは、世界に類を見ないといわれています。文庫、絵本、ビジネス書、辞典などさまざまです。

いっぽう海外の本屋は専門書店が多く、それぞれの分野についての本は豊富ですが、広い分野をあつかう本屋はあまり多くありません。日本の本屋はまさに知識の宝庫です。本屋を「学びの場」にしない法はありません。大きな本屋が発信している情報量の多さは莫大ですが、小さい本屋でも個性的な本を集めたり、特徴のある情報を発信したりしているお店が、全国各地にあります。

表紙から情報を得る

本の表紙には、さまざまな情報が掲載されています。本のタイトル、著者、監修者、画家の名前など重要なことがらが書かれています。本のタイトルには、伝えたいことが凝縮されています。

ビジネス書：仕事に役立つテーマで書かれた本のこと。経営学や仕事の心がまえ、マナーや話しかた、パソコンの使いかたなど、ビジネス書のなかでも内容は幅広い。

監修者：本の内容を監督する責任者。本の編集方針や、記載に間違いがないかなどを総合的にチェックする。

本の帯いろいろ

本の表紙の下のほうにかけてあるのが「帯」。表紙を見たときにその本の内容が一瞬でわかるように、出版社の人たちは帯に工夫をこらしています。

さまざまな情報を伝える「帯」

日本の本の特徴のひとつが「帯」です。帯は、本の表紙にまかれた細長い紙のことです。その本のキャッチコピーや、本の内容、推薦者のことばなどがわかりやすく書かれています。

帯になにを書くかは、著者と関係なく出版社が決めることが多く、同じ本でも初版と再版とで、内容の異なる帯がかけられることもあります。

一般的な帯

幅の広い帯

推薦文を入れた帯

表紙がすけて見える帯

シリーズの帯

同じシリーズの作品だということがわかるように、帯のデザインを統一している。あつかうテーマによって帯の色をかえる工夫がされている。

出版社の合同フェアの帯

いくつかの出版社が合同でフェアをおこなったときの帯。どれも同じオレンジ色の帯をまいてある。Ⓒ

【帯の例】『みたい！しりたい！しらべたい！ 日本の神さま絵図鑑 1』（松尾恒一／監修、ミネルヴァ書房）、『東京 五つ星の手みやげ』（岸朝子／選、東京書籍）、『本屋さんのすべてがわかる本 1』（秋田喜代美／監修、稲葉茂勝／文、ミネルヴァ書房）、『おじいさんのダイヤモンド』（セシリ・ジョセフス・イッタ／文・絵、池上彰／訳、今人舎）

再版：はじめて本を刷ること（初版）に対して、初版と同じ内容でもう一度刷ることを言う。重版（→86ページ）とほぼ同じ意味で使われる。

新聞やテレビとはちがう情報

世の中の動きをすばやく知るには、新聞やテレビ、インターネットが役立ちます。しかし、本屋さんならではの新しい情報というものもあります。

本屋さんで社会の動きを知る

本屋の「新刊コーナー」には、最近出版されたばかりの本がならびます。しかもそこにならぶ本は、毎日のように入れかわります。新刊コーナーを見れば、いま、社会でどんなことが話題になっているのかがすぐにわかります。それは、新聞などとはつぎのような点で異なります。

❶同じテーマの本が多数あると、いま世間（社会、国民）が、とくにそのことについて注目していることがわかる。

❷新聞などが客観的な情報を伝えるのに対し、本は、その情報をくわしく解説したり、意見をのべたりしている。

❸新聞などの情報がいわゆるフロー型（毎日あらたに伝えられてすぐに消えていく）であるのに対し、本にのっている情報は、ストック型（保存して、いつでも参照できる）だといわれる。

新しい情報をすばやく得るには、新聞、テレビが有効であるのは言うまでもありません。しかし、本屋に行くことで、世間や社会・国が問題にしていることを知ることができます。

毎日のように新しい本がならぶ新刊コーナー。テーマはさまざま。Ⓑ

「和食」が世界遺産に!!

2013年12月、和食がユネスコの無形文化遺産に登録された。
通常でも和食の本は本屋でよく見かけるが、いつにもましてあちこちで和食の本がおかれた。

和食に関する本がずらっとならぶコーナー。Ⓑ

登録と同時に発行された、子どもむけの和食の本。

『和食のすべてがわかる本 1一汁三菜とは 和食と日本文化』（服部幸應、服部津貴子／監修、ミネルヴァ書房）

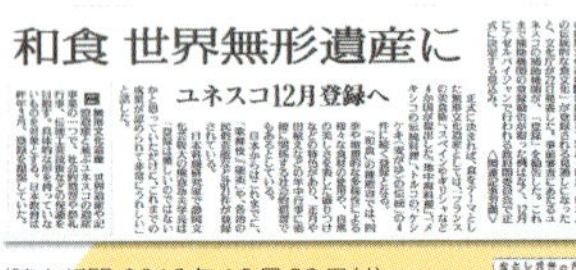

（読売新聞 2013年10月23日付）

（日本経済新聞 2013年12月5日付）

和食が無形文化遺産に登録されることを報道する新聞記事。

無形文化遺産：芸能や伝統工芸技術などの形のない文化を守るためのユネスコの事業。その土地の歴史や生活風習などと密接にかかわっているか、適切な保護がなされているかなどが審査され登録が決められる。日本では和食のほか「能楽」「歌舞伎」「和紙」など22件が登録されている。

「富士山《ふじさん》」が世界遺産に!!

2013年6月、富士山が世界文化遺産に登録されると、さまざまな本屋に特設コーナーが登場した。

さまざまなコーナー

本屋がコーナーをつくる理由には、本をさがしやすくするためや、類書（同じような本）とくらべてもらうためなどがあげられる。また、季節によって変化をもたせるなど、あきの来ない演出がおこなわれている。

語学の資格

ねこ

縄文時代

きのこ

十二支

世界文化遺産：ユネスコが登録する世界遺産のひとつで、記念物、建造物群、遺跡、文化的景観などのこと。中国の万里の長城やインドのタージ・マハル、日本の原爆ドームなどがある。

本の表紙と背表紙にある情報を見て、自分の読みたい本をえらぶ。Ⓒ

本屋さんでメディアリテラシー

「メディアリテラシー」とは、情報を自分で判断し活用できる能力のことです。本屋さんは、メディアリテラシーを身につける訓練ができるところでもあります。

「戦争と平和について考える」フェア。生と死に関する本がならぶ。Ⓖ

情報を見きわめる力をもつ

たくさんのメディアから送られてくる情報のなかには、人によって必要なものもあれば、そうでもないものや、見ないほうがいいものもあります。現代の情報社会では、情報を見きわめる力（メディアリテラシー）がとても重要です。

本屋は、ならんでいる本の表紙や背表紙から判断し、自分にとってよいと思う本を手にとり、自分に必要でないと思われる本を見きわめる訓練ができる場です。

えらんだ人が書いている推薦コメントも、その本を見きわめるうえでの情報のひとつだ。Ⓑ

ブックファースト新宿《しんじゅく》店で毎年おこなわれている「名著百選」フェア。作家やマンガ家、会社の社長などさまざまな人が、自分のおすすめの1冊を紹介する。Ⓑ

メディア：新聞や雑誌、テレビやラジオ、インターネットなどの報道機関。もともとは「媒体」「媒介するもの」の意味。近年ではインターネットや携帯電話・スマートフォンの普及に代表される情報社会の到来にともない、メディアとの付きあいかたがますます重要になってきている。

もくじ、まえがき、あとがき

本の「まえがき（はじめに）」や「あとがき（おわりに）」には、著者がその本をどういう気持ちで書いたのか、どうしてその本を書くにいたったのかなどが書かれています。

「もくじ」からは、その本に書かれているおおまかな内容を知ることができます。同じテーマをあつかった本でも、著者によってなにを伝えたいかは大きく異なります。タイトルや「まえがき（はじめに）」「もくじ」を見て、「この人の言っていることはなんだろう」「こっちの人の意見のほうが共感できる」などとさまざまな角度から本をさぐっていくと、より幅の広い視点や考えかたがもてるようになります。こうしたことも、メディアリテラシーの訓練といえます。

あとがき（おわりに）

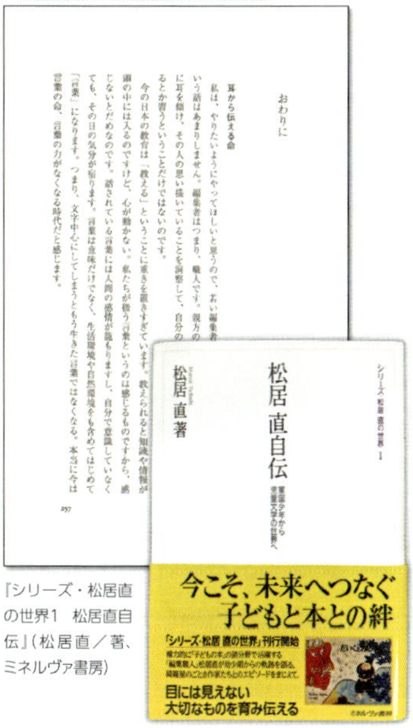

『シリーズ・松居直の世界1　松居直自伝』（松居直／著、ミネルヴァ書房）

「あとがき（おわりに）」には、著者のメッセージがこめられることが多い。

『なぜこう見える？　どうしてそう見える？　錯視のひみつにせまる本　1 錯視の歴史』（新井仁之／監修、ミネルヴァ書房）

まえがき（はじめに）　　もくじ

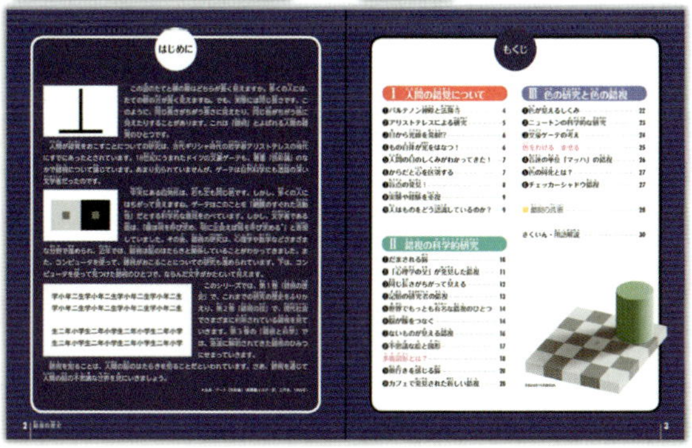

読者を本の世界へさそう「まえがき（はじめに）」と「もくじ」は、その本の内容を知る手がかりになる。

もっとくわしく　書評コーナー

「書評コーナー」を設けている本屋があります。新聞・雑誌の書評欄（おすすめの本を紹介する記事）で取りあげられた本を集めたコーナーです。書評欄と本とを見くらべることにより、自分が興味をもつ本に対する考えかたを深めることができます。

ACADEMIA《アカデミア》くまざわ書店橋本店《しょてんはしもとてん》の「書評コーナー」。いろいろな新聞の書評欄と、書評で取りあげられている本がならぶ。Ⓕ

書評欄：一般的な新聞の場合は日曜日の紙面に設けられ、数本がまとめて掲載されることが多い。書評の多くは作家や評論家、著名人によって書かれ、本の紹介や批評がおこなわれる。

資格書・就職書は、さまざまな出版社から出ている。Ⓑ

本屋さんでキャリア教育

「キャリア」とは「経験」「経歴」「職歴」などのことです。「キャリア教育」ということばは、学校では「進路指導」と同じ意味で使われることもあります。

資格書・就職書コーナーを活用

たいていの本屋には、仕事をさがしている人にむけて「資格書・就職書コーナー」が設けられています。このコーナーからは、社会にはたくさんの仕事があって、さまざまな職業をえらべる可能性があることがわかります。

就職活動のための本がならぶ「就職書コーナー」。試験や面接に合格するための対策書。Ⓑ

キャリア教育：子どもや若者がキャリアを形成するための能力を育成するための教育。従来は「進路指導」ということばが一般的だったが、近年、進学だけでなくキャリアについての教育も必要だという考えから「キャリア教育」ということばが使われるようになった。

本屋さんでさがしてみよう

将来の仕事に関する本は、なにも資格や試験の本だけではありません。いろいろな分野で仕事をする人が書いた本なども、将来の仕事さがしに役立ちます。

知りたいことに関する本は、こうさがす

　求めている本（情報）をさがしているうちに、別のテーマの本でも、タイトルが気になるものに出あうことがあります。その本を手にとって「これはおもしろそう」と、はじめて自分の興味や関心に気づくこともあります。そこからつぎの段階へと知りたい気持ちは広がっていきます。本屋はこうした体験ができる場所です。

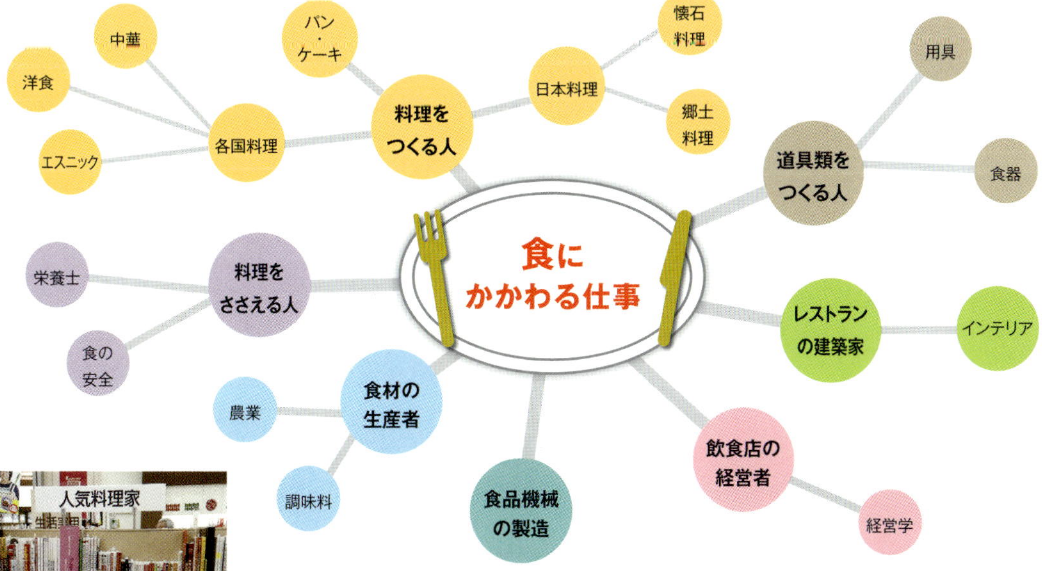

人気料理家によるレシピの本。

栄養や食品についての専門書。

お店をはじめたい人のための本。

本屋さんで職場体験

小学校・中学校では、近年、お店や会社に行って大人の仕事を体験する「職場体験」をおこなうところが増えています。本屋さんで職場体験をおこない、書店員さんの仕事を学ぶ生徒たちも増えてきました。

職場体験をおこなう前に

学校のおこなっている「職場体験」では、まず、職場体験の目的を明確にし、職場へ行く前にかならず事前学習がおこなわれます。学校によっては、職業適性検査をおこなったり、いろいろな職業の人を学校にまねいて話を聞いたりすることもあります。あいさつのしかたや電話のかけかたなど、さまざまな練習をおこない、そのうえで事前訪問をおこなって、当日にそなえます。

このページの写真は、愛知県岡崎《おかざき》市の中学生3人が、近くの本屋で職場体験をしたときのようすです。

【事前学習でおこなったこと】

▌目的の確認

- 日常、感じることのできない「働くことの意識・尊さ・喜び」を感じとる。
- ルール・マナーのたいせつさを理解し、社会における人とのかかわりかたを学ぶ。
- 体験で学んだことを今後の進路選択にいかし、いまの自分に必要なことを考える。

▌事前訪問

- 事前訪問のための打ち合わせを電話でおこなう。
- 事前に訪問し、担当の方と打ち合わせをおこなう。

本屋さんでの体験のようす

3人の中学生が本屋でおこなった仕事は、つぎの通りです。

- 店内のかざりづくり
- コミックのシュリンクかけ
- 本の移動
- そうじ（モップかけ）
- 書だなにある本の確認と補充
- お客さんへの対応
- 子どもたちに、絵本の読み聞かせ

当日の持ち物や服装は、弁当、水筒、生徒手帳、名札、体操服です。

【3人はなにを学んだか?】

本屋で職場体験をおこなった3人は、学校では学べない、貴重な社会勉強をしたようです。

▌3人の中学生の感想

- 本の移動など、お客さんの迷惑にならないように仕事をすることのたいせつさがわかった。
- お客さんに心よくお買い物をしてもらうために「いらっしゃいませ」と声をかけることのたいせつさを体験できた。
- 自分がお客として来店したときに、手早く店員さんが対応してくれるが、とても大変なことであり、気づかいが必要であると感じた。

おはなし会のカードを子どもたちに配る。Ⓗ

事前学習：校外学習や修学旅行などで、準備のため事前におこなわれる学習。職業体験の場合には、体験のねらいや課題の確認などがおこなわれる。

職業適性検査：さまざまな質問に答えることで、自分の性格や特性にあった職業を判断する材料となるテスト。

おはなし会で絵本の読み聞かせに挑戦。子どもたちも真剣に聞いている。Ⓗ

折り紙の折り方を説明。Ⓘ

【職場体験を受けいれた書店員さんの声】

書店員さんたちは職場体験についてつぎのように感じたといいます。

▌書店員さんの感想

- 職場体験の中学生は毎年受けいれていますが、みんな積極的に働いてくれます。
- マナーや、お客さんへの接客態度もよく、感心しています。
- 書店での職場体験を楽しんでもらえたようです。
- 職場体験を通して、生徒さんたちに、本や書店に親しんでもらえるよい機会だと感じています。
- お客さんも、中学生が職場体験をおこなっていることを好意的に見てくれたと思います。

取材協力／岡崎市立東海中学校、いまじんウイングタウン岡崎店

国際関係のコーナーには、海外の国について、主にビジネスや経済の観点から書かれた本が多い。Ⓑ

本屋さんで異文化理解

知らない国について書かれた本は、タイトルを見るだけでも楽しいものです。手にとって中を見たとき、海外への思いや夢が広がります。でも、それだけではありません。外国の問題について真剣に考えるきっかけにもなります。

海外の国について調べる

国際化時代に生きるわたしたちにとって、外国の異文化を理解し、国際的な感覚を養う必要性がますます高まっています。

外国について書かれた本がどのくらいあるか、大型書店の紀《き》伊《の》國《くに》屋《や》書店《しょてん》のホームページでタイトルを調べてみると、「中国」2万859件、「アメリカ」1万2636件、「トルコ」576件、「ブータン」106件（2013年12月）と、とても多くの本があることがわかります。

国によって本の数に差があるのは、その国に対する日本人の関心のちがいを反映しているといえます。

海外のガイドブックや地図のコーナー。海外を旅する人むけにつくられたガイドブックは、いろいろな出版社から出ている。Ⓑ

ブータン：面積約3.8万㎢（日本の九州と同じくらい）、人口75万人（2013年）。南アジアのヒマラヤ山脈の山あい、中国とインドのあいだに位置する王国。「GNH」（→右ページ）が高いことから、「幸せの国」としても有名。

異文化理解でたいせつなこと

外国について書かれた本は、タイトルを見ているだけでも、その国のなにが問題になっているか、ある程度わかります。

たとえば「ブータン」。100冊ほどあるブータンの本のタイトルで目立つのが、「幸せの国」「幸福王国」「GNH《ジーエヌエイチ》」など。これらは、ブータンという国を理解するうえでのキーワードです。

もくじを見ると、「へぇ、そうなんだ」という興味がわき、気になることが、もっとたくさん出てくるかもしれません。こうした発見やおどろきが、異文化理解・国際理解につながっていくわけです。

紀伊國屋書店ウェブストアで「ブータン」を検索したときの検索結果（2013年12月）。

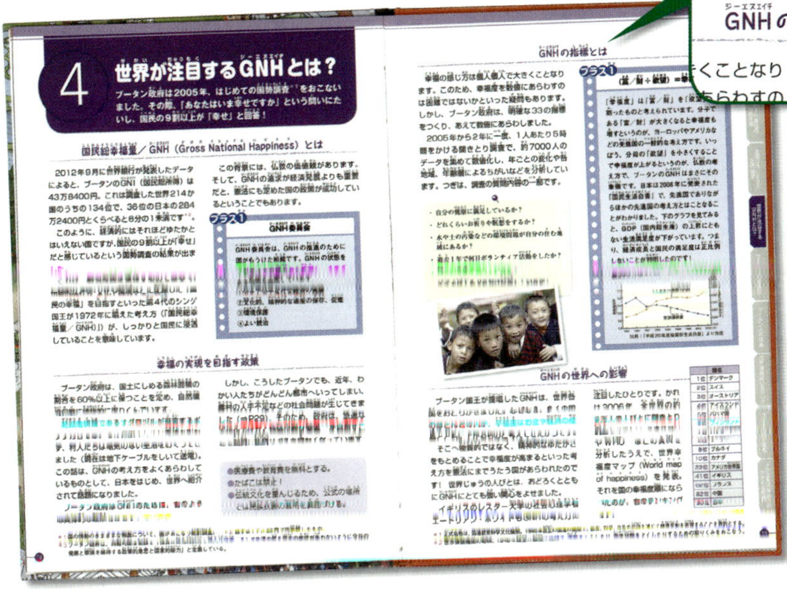

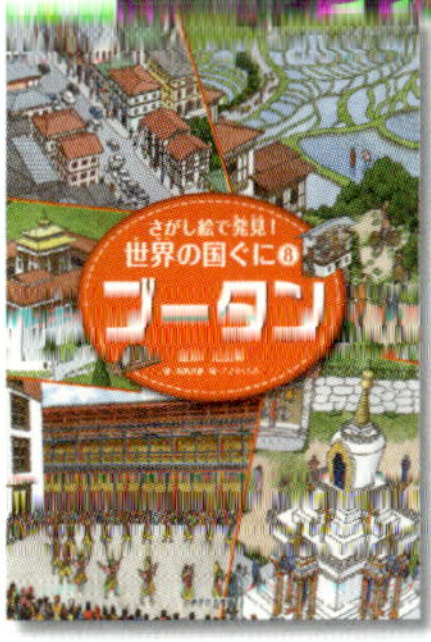

ブータンについてくわしく学べる本。GNHについても書かれている。

『さがし絵で発見！ 世界の国ぐに 8 ブータン』（池上彰／監修、稲葉茂勝／著、あすなろ書房）

GNH：Gross《グロス》 National《ナショナル》 Happiness《ハピネス》の頭文字で「国民総幸福量」のこと。経済的な指標であるGDP（国内総生産）に対する指標としてブータンで1970年代から提唱され、ブータンではこの数値が非常に高いとして注目されている。

本屋さんで人生相談

いじめや異性のことなど、だれにも相談できない、相談しにくいことがあるとき、本屋さんには、道しるべとなってくれる古今東西の各ジャンルのプロたちがいます。それが、本です。

本屋さんで考える

人は成長するにつれて、いろいろなことを経験していきます。友だちづきあいや、親との関係、勉強のことなど、さまざまな場面で悩むことも少なくありません。ときには、いかに生きるべきかといった難問に出くわすかもしれません。

そんなとき本屋は、大きな味方です。物言わぬ相談相手として、たくさんの本があるのです。

ヤングアダルト（YA《ワイエー》）とは、中学生・高校生ぐらいの十代の若者をあらわすことば。この年代は、とくに悩みの多い時期です。「YA」のコーナーには、若者の悩みを解決するヒントがいっぱいです。

「ヤングアダルトコーナー」または「YAコーナー」。絵本は少しものたりない、でも大人むけの本は難しすぎる、という人にむけて、読みやすく書かれている。

ヤングアダルト：young《ヤング》（英語で「若い」を意味する）とadult《アダルト》（英語で「大人」を意味する）を組みあわせた、子どもと大人の中間の世代を指すことば。頭文字を略してYAともいわれる。

わすれてはならないこと

本屋では、多くの本を手にとり、タイトルやまえがき、もくじなどを見て、自分にとって重要な情報を得られます。世のなかにはいろいろな考えやものの見かたがあるのだとわかります。多くの本にふれていくうちに、自分なりの考えや、ものの見かたを少しずつ体得していくことができます。

しかし、立ち読みをして人生の悩みにこたえてもらおうとするのは、よいことではありません。

もっとくわしく デジタル万引き

「デジタル万引き」は、本屋に入って本を買うのではなく、本のなかの必要なページを、カメラ機能がついた携帯電話で撮影していく行為のことをさすことば。本の立ち読み以上にマナー違反の行為だ。

本屋は、万引きに加えて、こうしたデジタル万引きでも売りあげが落ちているといわれている。お店の人にとって、本はお金をはらって仕入れている財産である。本を売って利益をあげ、店で働く人の給料をはらったりしている。デジタル万引きは、本屋の利益をおかしている。絶対にしてはいけない行為なのだ。

「万引きはダメ」といったことはわかりきっているはず。それなのにこういうポスターがあるのは、罪悪感がない人がいる証拠。それと同じように、本を携帯電話で撮ることも悪いと思わない人が多いという。F

アミューズメントパークのような本屋さん

いまや本屋さんは、単に本を売るだけのところではありません。ここでは、しかけや楽しさがいっぱいのおもしろい本屋さんを見てみます。

観覧車のある本屋さん 宮脇書店総本店《みやわきしょてんそうほんてん》（香川県高松《たかまつ》市）

宮脇書店は、全国各地に350の店舗を展開するチェーン店。「本ならなんでもそろう」がキャッチフレーズ。高松市の総本店は、日本最大級の売り場面積をほこり、60万点もの在庫をもつ。ビルの屋上には観覧車があるほか、乗り物やゲームで遊ぶことができる。まさに「本のテーマパーク」だ。

「本ならなんでもそろう」のキャッチフレーズの通り、子どもの本から大人むけの専門書、なかなか目にすることのない地方の出版社の本など、さまざまな種類のものがそろっている。

「遊べる本屋」がキーワード

ヴィレッジヴァンガード下北沢店《しもきたざわてん》（東京都世田谷《せたがや》区）

ヴィレッジヴァンガードは、1986年（昭和61年）に愛知県名古屋市天白《てんぱく》区で創業。本や雑貨の販売をはじめ、現在では全国に約400軒の店舗がある。

下北沢店では、本やCD、雑貨などをところせましとつめこんで販売している。

本やおもちゃなど、品ぞろえが豊富。全店舗共通の黄色い用紙を使ったポップが目を引く。

宮脇書店：1877年創業の日本の書店。観覧車のある香川県の総本店のほか、北海道や東京都、沖縄県まで全国に多くの店舗をもつ。 ヴィレッジヴァンガード：1986年創業。愛知県名古屋市に本社をおく日本の小売業者。本とともに多くの雑貨を取りあつかい、お客さんが思わず本を手にとってしまうしかけをつくっている。

ショッピングも楽しめる　蔦屋書店仙台泉店《つたやしょてんせんだいいずみてん》（宮城県仙台市泉《いずみ》区）

2013年、仙台市に日本最大級の蔦屋書店が開店した。80万冊以上の冊数をほこるBOOKコーナー（カフェも併設）をはじめ、CDやDVDのレンタルコーナー、ゲームコーナーも充実している。さらに文房具やインテリア用品、旅行用品などの買いものも楽しむことができる。

児童書と絵本のコーナー「キッズフォレスト」。おもちゃや文房具も販売。

併設されているカフェでは、休憩しながら本を試し読みすることができる。

「もぐらスペース」ってなに？　ガケ書房《しょぼう》（京都府京都市左京《さきょう》区）

京都市にあるガケ書房は、壁から自動車がとびだしているユニークな外観の本屋。店内にはさまざまなジャンルの本がならび、おしゃれな雰囲気だ。店長は小学生のころから本が大好きで、いつも本屋にいたという。本屋でわくわくしていた気持ちを再現したいという思いで、お店づくりに工夫をこらしている。店の一部を貸しだし、古本コーナー「貸しだな」や、店先を自由に使える「もぐらスペース」などを設けている。（2015年移転）

入り口わきにあるもぐらスペース。

びっくりさせられる外観は、お客さんにお店を覚えてもらおうという意図から生まれた。

落ちついた雰囲気の店内。本のほか、CDや雑貨などもならぶ。

ガケ書房：2015年2月に、左京区内で場所を移転し店名を「ホホホ座」に変更。移転後は、本や雑貨を販売するとともに、編集企画をおこなっている。

子どもの本が専門の本屋さん

絵本や子どもの本を専門にあつかっている本屋さんは多くあります。子どもだけでなく大人も楽しめるように、書だなの高さや本の見せかたなど、さまざまな工夫がされています。

児童文学の名作がそろう銀座《ぎんざ》の老舗《しにせ》

教文館《きょうぶんかん》ナルニア国（東京都中央《ちゅうおう》区）

教文館は、創業1885年（明治18年）という120年の歴史をもつ銀座の老舗の本屋。６階は「教文館ナルニア国」と名づけられている。『ナルニア国《こく》ものがたり』（C・S・ルイス）に登場する「しあわせの国」をイメージした、だれもが楽しみくつろげる空間だ。ロングセラーから新刊書まで約１万5000冊の子どもの本がそろう。おはなし会や展示会など、楽しいイベントもおこなわれている。

店内のイベントコーナー「ナルニアホール」では、絵本の原画が展示されることもある。

絵本のなかの世界が広がる

こどもの本《ほん》の店《みせ》・童話館《どうわかん》（長崎県長崎市）

童話館は、長崎市にある子どもの本の専門店。「祈《いの》りの丘《おか》絵本《えほん》美術《びじゅつ》館《かん》」の建物の１階に本屋がある。２階と３階の美術館では、絵本の原画を展示している。童話館では、絵本・子どもの本を宅配する「童話館ぶっくくらぶ」の運営をおこない、全国へ定期的に本を届ける活動もしている。

絵本に出てくるようなおしゃれな洋館のなかに本屋と美術館がある。

『ナルニア国ものがたり』：イギリスの文学者であるC・S・ルイスの子どもむけ小説。1950年から1956年にかけて全７巻が刊行された。　祈りの丘絵本美術館：童話館グループが運営する絵本の美術館。国内外の絵本の原画を、常設展、企画展で展示している。

子どもの読書活動をすすめる本屋さん

積極的にイベントをおこない、お客さんに読書をすすめる活動をしている本屋さんも多いです。小学生～高校生の対象者ごとにおすすめの書だなをつくっている本屋さんもあります。

ボランティアの人たちが、読み聞かせをおこなう会。子どもたちも絵本の世界に引きこまれている。

楽しいイベントで読書に親しめる本屋さん

ブックハウス神保町《じんぼうちょう》（東京都千代田《ちよだ》区）

ブックハウス神保町は「本のまち」として知られる神田神保町《かんだじんぼうちょう》にある、子どもむけの本の専門店。店内には絵本がずらりとならび、中央の赤いソファでは、本を読んだり遊んだりすることができる。

ここでは、子どもむけのイベントをひんぱんにおこなっている。絵本の読み聞かせをおこなうボランティアのグループや絵本作家などの協力で、おはなし会をおこなうほか、作家のサイン会や絵本の原画の展示会を開催することもある。

赤いソファは暖かな太陽をイメージしている。床には緑色のカーペットがしかれている。

もっとくわしく

中学生はこれを読め！ フェア

2004年、北海道札幌市の27軒の本屋で、「本屋のオヤジのおせっかい　中学生はこれを読め！」フェアが開催された。本屋に中学生がいないことに気づいたくすみ書房《しょぼう》の店長が、中学生に本のおもしろさを知ってもらおうと、中学生むけの500冊のリストを作成したのがきっかけだった。北海道以外の県にも広まり、大きな話題になった。「小学生」「高校生」むけの本を集めたリストも作成された。

くすみ書房：札幌市厚別《あつべつ》区にあった書店。1946年に札幌市西《にし》区で創業、2009年に厚別区に店舗を移転。「なぜだ!?　売れない文庫フェア」などユニークな取り組みで注目されてきたが、2015年に閉店した。

このジャンルならおまかせ！の本屋さん

専門書店では、ひとつのジャンルについて、幅広く本が集められています。鉄道や飛行機、スポーツなど、一般書店でほとんど目にすることがない本との出あいが楽しめます。

鉄道に関する本がならぶフロア。「ほかの書店になくてもここならある」とまでいわれている。

鉄道の本ならなんでもそろう

書泉《しょせん》グランデ（東京都千代田《ちよだ》区）

神田神保町《かんだじんぼうちょう》にある総合書店のひとつ書泉グランデは、6階が鉄道フロアになっている。ここは「鉄道書の聖地」とよばれ、鉄道に関する書籍、雑誌、時刻表やCD・DVDなど、幅広い商品がならべられている。

飛行機のことならおまかせ

ブックスフジ羽田空港店《はねだくうこうてん》（東京都大田《おおた》区）

ブックスフジ羽田空港店は、1974年（昭和49年）から羽田空港で愛されつづけている老舗《しにせ》の本屋。航空関連の専門書が豊富で、ここにしかない本を求めて全国から飛行機ファンがつどう。写真集や雑誌、カレンダーなどもそろう。

店内にはさまざまな飛行機の写真がかざられている。

店内には、模型の飛行機や、飛行機の写真もかざられている。飛行機ファンにとっては、見あげるだけで楽しくなる光景だ。

書泉グランデ：鉄道関係の書籍のほか、格闘技、アウトドアなど専門性の高い書籍を豊富にあつかっている。書籍のみでなく鉄道グッズなども販売している。

ブックスフジ：飛行機がモデルの小説から、航空関係ライセンス取得のための教材、飛行機整備士のための専門書まで、航空関係の本を多く取りあつかっている。

野球の本がずらりとならぶ

オークスブックセンター東京《とうきょう》ドームシティ店《てん》（東京都文京《ぶんきょう》区）

オークスブックセンター東京ドームシティ店は、東京ドームや遊園地などがある東京ドームシティ内の本屋だ。野球、格闘技、アウトドアなど、スポーツ関連の品ぞろえが充実している。

入り口の近くには、野球に関する本が一面にならぶ。

東京ドームのすぐ近くにあり、試合を見にいったときに立ちよりやすい。

鳥と自然保護の本が充実

バードプラザ（東京都品川《しながわ》区）

バードプラザは、野鳥や自然に関する書籍をあつかう本屋。野鳥や自然を守る事業をおこなっている「日《に》本《ほん》野《や》鳥《ちょう》の会《かい》」の事務所のなかにある。

望遠鏡や双眼鏡、長ぐつなど、バードウォッチングのグッズもならべられている。雑貨も充実している。

写真集、図鑑、ガイドブックなど、野鳥や自然に関する本の品ぞろえは一般書店にはない魅力。

オークスブックセンター：1973年設立の東京ブッククラブが経営するチェーン書店。各店舗が、土地柄にあわせた品ぞろえで個性を出している。 日本野鳥の会：正式名称は「公益財団法人 日本野鳥の会」。1934年に創立され、全国90支部で野鳥や自然を守る事業をおこなっている。

料理に関する本ならこのお店

波屋書房《なみやしょぼう》（大阪府大阪市中央《ちゅうおう》区）

大阪・ミナミ（難波《なんば》）にある波屋書房の創業は、1919年（大正８年）。30年ほど前に料理書フェアをおこなったところ大盛況だったことから、料理の本を重点的にそろえるようになった。食材が集まる黒門市場《くろもんいちば》や調理器具の商店街が近所にあり、プロの料理人もよく訪れるという。

こぢんまりとしたお店だが、店内には料理に関する本がぎっしりとならんでいる。

プロの料理人むけの専門書や、一流シェフによる本も多い。

もっとくわしく

ミュージアムショップの本屋さん

博物館や美術館の「ミュージアムショップ」（売店）でも、本が売られています。たとえば、国立《こくりつ》科《か》学博物《がくはくぶつ》館《かん》（東京都台東《たいとう》区）のミュージアムショップには、恐竜や化石など、自然や科学に関する本や雑誌、関連グッズが販売されています。

国立科学博物館のミュージアムショップ。博物館を訪れる人たちでにぎわう。Ⓚ

波屋書房：大阪市中央《ちゅうおう》区の千日前《せんにちまえ》商店街に店をかまえる老舗《しにせ》書店。料理書が売り場の多くを占め、マンガなどはおいていない。　黒門市場：大阪市中央区にある、江戸時代から続く市場。食材をあつかう店が多く集まる「大阪の台所」。地元の料理人はもちろん多くの観光客でにぎわい、１日に数万人が訪れる。

「本屋大賞」とは？

本屋大賞とは、書店員さんがえらぶ文学賞のこと。書店員さんの投票によって大賞がえらばれます。本屋大賞を受賞した作品は、いずれもベストセラーになっています。

本屋さんがベストセラーをつくる！

本屋大賞のキャッチコピーは、「全国書店員が選んだ　いちばん！　売りたい本」。本屋大賞は、書店員さんだけの投票で決まります。過去1年間に、自分で読んで「おもしろかった」「お客さんにもすすめたい」「自分の店で売りたい」と思った本をえらんで投票します。

「芥川賞《あくたがわしょう》」「直木賞《なおきしょう》」といった有名な文学賞の場合、作家や文学者たちが受賞作を決めています。いっぽう、本屋大賞では、新刊書をあつかう本屋で働いている書店員さんなら、社員、パート、アルバイトのだれでも投票できるのが特徴。書店員さんの声が反映されて、大賞がえらばれます。「本屋大賞実行委員会」を運営しているのも書店員さんです。

選考方法

1次投票
3つの作品をえらんで投票する。→1次投票を集計。上位10点をノミネート作品として発表。

→

2次投票
ノミネート作品10点を全部読み、それぞれに感想を書き、ベスト1～3位をえらんで投票する。→2次投票を集計。本屋大賞を発表。

本屋大賞のノミネート作品が発表されたあと、本屋で大規模におこなわれたフェア。本屋大賞のノミネート作品10点が目立つように展示されている。Ⓛ

本屋大賞がベストセラーに

発表会のあとには、大賞作品とノミネートされた全作品を展示する本屋もあります。自分たちの手でえらんだ文学賞なので、書店員さんたちも力を入れて販売するといいます。その結果、本屋大賞を受賞した作品はいずれもベストセラーとなり、さらにいっそう販売部数をのばしています。

2013年本屋大賞にえらばれた『海《かい》賊《ぞく》とよばれた男《おとこ》』（講談社《こうだんしゃ》）の著者、百田尚樹《ひゃくたなおき》さんと、受賞を祝う書店員さんたち。

本屋大賞：書店員の投票で選ばれる賞。現場から出版業界を盛りあげることをめざし、2004年から表彰を開始。　芥川賞：1935年（昭和10年）に文藝春秋社《ぶんげいしゅんじゅうしゃ》が制定した文学賞。主に新人作家の純文学作品にあたえられる。　直木賞：芥川賞とともに制定された文学賞。主に中堅作家の娯楽作品にあたえられる。

意外なところに個性的な本屋さんが!

本屋さんがある場所は、商店街やファッションビルのなかだけではありません。駅や大学のキャンパスなど、意外なところにも個性あふれる本屋さんがあります。自動車に本をのせて移動する本屋さんも。

朝早くから夜遅くまで営業。駅を利用する人びとが足をとめて、本を手にとっている。右上の数字 1 2 は、ホームの番号。

エキナカで本と出あう

PAPER《ペーパー》 WALL《ウォール》 ecute《エキュート》立川店《たちかわてん》（東京都立川《たちかわ》市）

PAPER WALL ecute立川店は、JR中央《ちゅうおう》線立川駅のエキナカ（改札内）にある。店内には、本や雑誌のほかに、文具や雑貨がならべられている。店内は木を基調としたあたたかみのある空間だ。カフェも併設。

だれでも買える、気象庁のなかにある専門書店

津村書店《つむらしょてん》（東京都千代田《ちよだ》区）

津村書店は気象庁《きしょうちょう》の１階にある本屋。天気や地震、地球温暖化など気象関連の書籍や、気象予報士試験の問題集のほか、気象庁のマスコットキャラ「はれるん」のグッズ（右の写真）が売られている。

気象に関する本を幅広くそろえている。一般のお客さんも本を買うことができる。

立川駅：東京都立川市にあるJRの駅。中央本線《ちゅうおうほんせん》、青梅《おうめ》線、南武《なんぶ》線の3路線が乗りいれ、１日平均16万人以上（2014年度）が乗り降りする。　気象庁：天気予報、気象警報の発信、地震情報の提供などをおこなう、日本の行政機関。国土交通省の外局。

東北大学内の、いこいの場

ブックカフェ・ブーク（宮城県仙台市）

建築、ロボット工学、エネルギーなど、工学に関するさまざまなジャンルの専門書や教科書が中心。

「ブックカフェ・ブーク」は2010年に、東北大学の工学部がある青葉山《あおばやま》キャンパスの生活協同組合（生協）内に誕生した本屋（カフェも併設）。焼きたてパンやコーヒーを楽しみながら、２万5000冊の専門書をゆっくりとえらぶことができる。選書は、ブックディレクターとよばれる人による。学生たちのあらたな好奇心をさそおうという思いでつくられた書だなには、専門書だけでなく小説などもならんでいる。

もっとくわしく

「ブックディレクター」ってなに？

「ブックディレクター」とは、本屋の書だなに入れる本をえらぶ人のこと。本屋のコンセプトや客層に合った本をえらび、本屋のイメージを総合的につくりあげていく、監督のような仕事だ。

移動式の本屋さん BOOK TRUCK《ブックトラック》（東京都・神奈川県周辺）

BOOK TRUCKは、東京都や神奈川県を中心に、出張販売をおこなうトラックの本屋。あちこちに移動し、公園や駅前、野外イベントなど、場所に合わせて本を入れかえる。新刊書のほか、古本や雑貨なども販売している。

トラックに本を積んでさまざまな場所へ出かける。お客さんは、車のなかに入って本をえらぶことができる。

東北大学：1907年、日本で３番目の帝国大学として創立。宮城県仙台市に5つのキャンパスをもち、文学部から医学部までをおく国立総合大学。ブックカフェは、大学内の書店として国内最大規模の蔵書数をほこる。

本でまちづくりをする本屋さん

まちの本屋さんは、地元の人と本をつなぐパイプ役を担っています。まちづくりに一役買っている本屋さんもあります。

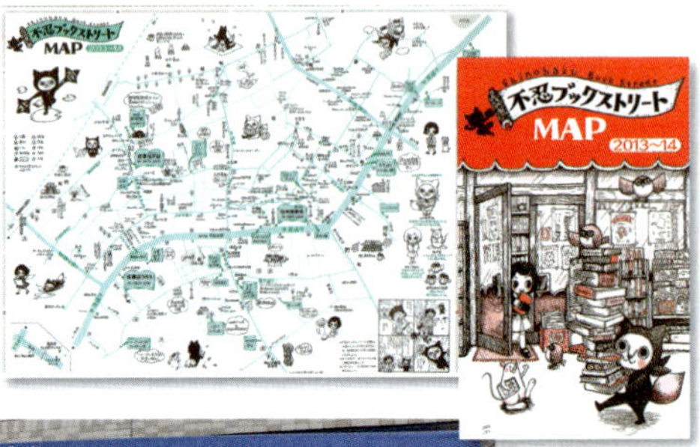

不忍通り近辺のお店の場所がひと目でわかる地図。

不忍《しのばず》ブックストリートでまちづくり

往来堂書店《おうらいどうしょてん》（東京都文京《ぶんきょう》区）

不忍ブックストリートとは、東京都文京区と台東《たいとう》区にまたがって走る不忍《しのばず》通り近辺の本屋や雑貨店、カフェなどの総称。「本と散歩が好きな人たちに訪れてほしい」との思いから、近辺のお店が「不忍ブックストリートMAP」を作成し、「一箱古本市《ひとはこふるほんいち》」を開催している。

この活動の中心となっている本屋のひとつが、文京区・千駄木《せんだぎ》の往来堂書店だ。往来堂書店は、1996年（平成８年）に誕生。大型書店が増えるなかで、まちの小さな本屋ならではの魅力づくりに取りくんでいる。独自の視点で書だなを構成。ユニークな店づくりで、お客さんを引きつけている。

本好きな人たちがたえまなく訪れる往来堂書店。

さまざまなお店の軒先を借りて、参加者（一箱出店者）が段ボール箱ひとつ分の古本を販売する「一箱古本市」。

東日本大震災後に一からスタート

一頁堂書店《いちぺーじどうしょてん》（岩手県大槌《おおつち》町）

かつて岩手県大槌町にはふたつの本屋があったが、2011年３月11日に発生した東日本大震災の津波で店舗を流失。どちらもやむなく廃業へいたった。「このままでは地元の本屋がなくなってしまう」「仮設住宅には高齢者や子ども、若者の多くが引きこもりがちになっている。心の傷をいやせる店をつくりたい」という強い思いから、本屋に勤めた経験のない夫婦が開業。ふるさとのこれからの復興を願い、はじめの一歩という意味をこめて「一頁堂」と名づけたという。

児童書に力を入れており、店内でおこなう子どもむけのイベントには地元の人びとが多く集まる。

大震災前のまちの地図をのせたブックカバー。

一箱古本市：不忍ブックストリートで毎年春に開催される、本のフリーマーケット。地域のお店が「大家さん」となって軒先を貸しだし、一般公募で集まった参加者（一箱出店者）が思い思いの古本を段ボール一箱につめこんで販売する。

本屋さんが学ぶ「本の学校」

1階が本屋、2階が研修施設になっている。

鳥取県の米子《よなご》市にある「本の学校」は、ドイツにある書店員のための学校をモデルにして、書店員さんを育てるために設立されました。

地元・鳥取県の本を集めたコーナー。

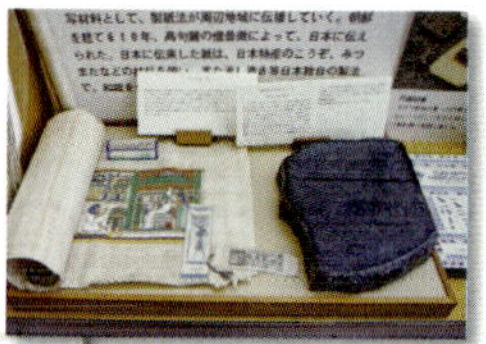

博物室には、本の歴史について展示されている。

さまざまなセミナーがおこなわれる。

本について学ぶ場所

今井書店《いまいしょてん》は、1872年（明治５年）に創業した、島根県や鳥取県に店をもつチェーン書店。1995年（平成７年）に創業120年を記念し、「本の学校今井ブックセンター」をスタートさせた。１階が本屋、２階が研修施設になっている。これは「書店員を育てなければいけない」という思いからはじまったもので、全国から書店員だけでなく出版業界のさまざまな人びとを集めて研修会を開いたり、地元の人むけのさまざまなセミナーなどを企画したりしている。

「本の博物室」や「子ども図書室」もあり、本にまつわる世界についてじっくりと学べる場所となっている。

グループ会社の印刷会社がかつて使っていた活版印刷機も展示されている店内。

本の学校：1995年から活動をはじめ、2012年3月からはNPO本の学校として独立。米子と東京の２か所に拠点をおき活動をおこなっている。

さくいん

あ行

か行

さ行

幻夏
幻夏
11/22/63
なぜ
別れるのか

た行

この本を読んだときから、僕のミステリー人生が始まった。
綾辻行人
十角館の殺人
浜村渚の計算ノート

マルセロ・イン・ザ・リアル・ワールド
今年いちばん売りたい作品です。
『さよならを待つふたりのために』

ま行

や行

ら行

わ行

■監修

秋田　喜代美（あきた　きよみ）

東京大学大学院教育学研究科博士課程単位取得退学。博士（教育学）。東京大学大学院教育学研究科教授。専門は教育心理学、保育学、授業研究。人が育つ制度的な場としての保育所や幼稚園、小中学校での園内や校内の研修に参加しながら教育実践研究を行っている。NPOブックスタートの立ち上げに参画するなど子どもの読書推進活動にも尽力している。著書に『読書の発達心理学』（国土社）、『本を通して世界と出会う』（北大路書房）、『絵本で子育て』（岩崎書店）、監修に『図書館のすべてがわかる本（全4巻）』（岩崎書店）など多数。

■文

稲葉　茂勝（いなば　しげかつ）

1953年、東京都生まれ。大阪外国語大学及び東京外国語大学卒業。日本国際理解教育学会会員。長年にわたり編集者として書籍・雑誌の編集に携わり、まもなく1000冊になる。この間、自ら執筆・翻訳も多く手がけてきた。おもな著書に『世界のじゃんけん大集合』（今人舎）、『世界史を変えた「暗号」の謎』（青春出版社）、『平和・環境・歴史を考える国境の本』（全5巻、岩崎書店）ほか、多数。翻訳書には、『池上彰のニュースに登場する世界の環境問題』（全10巻、さ・え・ら書房）、『知っているようで知らない会社の物語』（全3巻、彩流社）などがある。

◆協力

能勢　仁（のせ　まさし）

1933年、千葉県生まれ。慶応義塾大学文学部卒業。高校教師を経て株式会社多田屋常務取締役、株式会社ジャパンブックボックス取締役（平安堂FC部門）、株式会社アスキー取締役・出版営業統轄部長を歴任。1996年ノセ事務所を設立。書店クリニック・出版コンサルタントとして今日に至る。

編　集　こどもくらぶ（齊藤　由佳子）
制　作　株式会社エヌ・アンド・エス企画
校　正　くすのき舎

この本の情報は、特に記載されているものをのぞき、2014年12月現在のものです。

■参考資料

『本の歴史文化図鑑　5000年の書物の力』著：マーティン・ライアンズ　柊風舎　2012年／『世界の本屋さん見て歩き』著：能勢仁　出版メディアパル　2011年／『世界の書店をたずねて』著　能勢仁　本の学校・郁文塾　2004年／『江戸の本屋（上）』『江戸の本屋（下）』著：鈴木敏夫　中央公論新社　1980年／『江戸の本屋さん　近世文化史の側面』著：今田洋三　平凡社　2009年／『雑誌と読者の近代』著：永嶺重敏　日本エディタースクール出版部　1997年／『出版販売の基礎知識　―書店実務マニュアル―　第17版』編／トーハン・コンサルティング　トーハン　2013年／『書店の近代　本が輝いていた時代』著：小田光雄　平凡社　2003年／『図版　本の歴史』編：樺山紘一　河出書房新社　2011年／『続和本入門　江戸の本屋と本づくり』著：橋口侯之介　平凡社　2007年／『東西書肆街考』著：脇村義太郎　岩波書店　1979年／『日本の書店百年　明治・大正・昭和の出版販売小史』編：尾崎 秀樹、宗武 朝子　青英舎　1991年／『本と岩波書店の百年』岩波書店　2013年／『希望の書店論』著：福嶋聡　人文書院　2007年／『10分あれば書店に行きなさい』著：齋藤孝　メディアファクトリー　2012年／『本を売る現場で　なにが起こっているのか!?』監修：編集の学校、文章の学校　雷鳥社　2007年／『THE BOOKS　365人の本屋さんがどうしても届けたい「この一冊」』編：ミシマ社　ミシマ社　2012年／『昭和の出版が歩んだ道』著：能勢仁、八木壮一　出版メディアパル　2013年／『本屋図鑑』著：得地直美、本屋図鑑編集部　夏葉社　2013年／『名物「本屋さん」をゆく』著：井上理津子　宝島社　2013年／『本屋さんへ行こう』枻出版社　2011年／『2002年版　知を鍛える～書店の大活用術』編：毎日ムック・アミューズ　毎日新聞社　2002年／『kotoba　2013年春号』No.11 本屋に行こう　集英社誌／『ダ・ヴィンチ　2013年8月号』メディアファクトリー／『BRUTUS　2011年6月1日号』マガジンハウス／「Bookselling」http://www.theodora.com/encyclopedia/b2/bookselling.html／「ISBN国別記号一覧表」http://www.isbn-center.jp/guide/06.html／「Best bookshops」http://www.theguardian.com/books/2008/jan/11/bestukbookshops／「老舗出版社の歩みから見る近代京都の出版史」（『図書館きょうと』No. 40）京都府立図書館　2003年／「店舗数推移」（JPO書店マスタ管理センター）http://www.ksmaster.jp/pdf/top_transition.pdf

■写真協力

p11：© Bernard Rose Photography UK／p19：ジュンク堂書店池袋本店／p21：夏目康子/ International Research Society for Children's Literature 2013、株式会社 恵文社／p34：株式会社 紀伊國屋書店／p35：リード エグジビション ジャパン株式会社、© Xxlphoto ¦ Dreamstime.com／p39：凸版印刷 株式会社、大日本印刷 株式会社／p45：株式会社 モリサワ／p46：株式会社 法藏館／p47：有限会社 永田文昌堂、株式会社 法藏館、株式会社 平楽寺書店／p48：手塚達也／p49：カルチュア・コンビニエンス・クラブ 株式会社／p51：株式会社 吉川弘文館／p54：人間文化研究機構 国文学研究資料館（二次使用を禁ず）、株式会社 今井書店／p55：本木昌造顕彰会、日本新聞博物館／p57：株式会社 三省堂書店／p58：NPO法人 連想出版、株式会社 吉岡書店／p59：株式会社 トーハン、日本出版販売 株式会社／p60：石川令子、株式会社 紀伊國屋書店、株式会社 旭屋書店／p61：丸善 株式会社、カルチュア・コンビニエンス・クラブ 株式会社、株式会社 大垣書店／p62：日本出版販売 株式会社、丸善 株式会社／p63：ブックハウス神保町／p67：株式会社 平凡社／p73：株式会社 新潮社、桜美林中学校・高等学校／p102～103：岡崎市立東海中学校／p105：株式会社 紀伊國屋書店／p115：NPO法人 本屋大賞実行委員会、株式会社 講談社

p66～p91で写真の説明文につけた🄰～🄺の記号は、下記の書店名をあらわしています。

🄰増田書店、🄱ジュンク堂書店池袋本店（撮影：福島章公）、🄲オリオン書房ノルテ店、🄳紀伊國屋書店新宿本店、🄴本の学校今井ブックセンター、🄵平安堂長野店、🄶平安堂飯田店、🄷ブックハウス神保町、🄸紀伊國屋書店札幌本店、🄹ブックスタマ福生店、🄺有隣堂

p94～p119で写真の説明文につけた🄰～🄻の記号は、下記の書店名をあらわしています。

🄰福家書店だびんち★きっず 市川店、🄱ブックファースト新宿店、🄲オリオン書房ノルテ店、🄳三省堂書店船橋店、🄴本の学校今井ブックセンター、🄵ACADEMIAくまざわ書店橋本店、🄶紀伊國屋書店札幌本店、🄷いまじんウイングタウン岡崎店、🄸教文館、🄹くすみ書房大谷地店、🄺国立科学博物館ミュージアムショップ、🄻 アセンスアメリカ村店

本屋って何？

2015年9月25日　初版第1刷発行　〈検印省略〉

定価はカバーに
表示しています

監修者　秋田喜代美
文　稲葉茂勝
発行者　杉田啓三
印刷者　金子眞吾

発行所　株式会社　ミネルヴァ書房
607-8494 京都市山科区日ノ岡堤谷町1
電話 075-581-5191／振替 01020-0-8076

印刷・製本　凸版印刷株式会社

ISBN978-4-623-07446-4
NDC379/128P/25.7cm
Printed in Japan